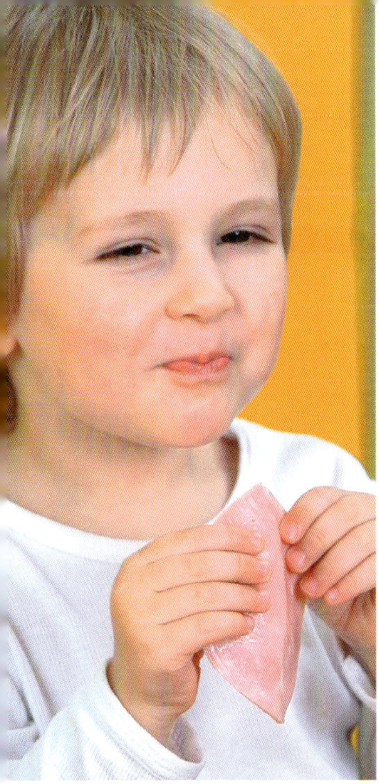

IMPRESSUM

Math. Lempertz GmbH
Hauptstraße 354
53639 Königswinter
Tel.: 02223 / 90 00 36
Fax: 02223 / 90 00 38
info@edition-lempertz.de
www.edition-lempertz.de

Dieses Kochbuch wurde nach bestem Wissen und Gewissen verfasst. Weder der Verlag noch der Autor tragen die Verantwortung für ungewollte Reaktionen oder Beeinträchtigungen, die aus der Verarbeitung der Zutaten entstehen.
Der Markenname „Thermomix®" ist rechtlich geschützt und wird nur als Bestandteil der Rezepte verwendet. Für Schäden, die bei der Zubereitung der Gerichte an Personen oder Küchengeräten entstehen, wird keine Haftung übernommen.
Bitte beachte die Anwendungshinweise der Gebrauchsanweisung deines Thermomixgerätes.

www.facebook.com/ MIXtippRezepte

Titelbild: Fotolia
Lektorat: Team mixtipp
Layout/ Satz: Andrea Martens, Martens Design & Concept, Bonn
Druck und Bindung: Belvédère Print & Packaging BV, www.TheArtOfMakingBooks.de

ISBN: 978-3-96058-112-3

Bildnachweis:
© fotolia: Thomas Francois, victoria p., Richard Oechsner, Schwoab, fotoart-wallraf, M. Schuppich, Bernd Jürgens, white78, rainbow33, HLPhoto, Hans und Christa Ede, 5second, yommy, ALF photo, juefraphoto, Dar1930, manulito, Janni, photocrew, robert6666, Heike Rau, Gina Sanders, FFCucina Liz Collet, Haas, kab-vision, retbool, Oksana, komokvm, stockpics, Denis Tabler, Halfpoint, uckyo, sitriel, Westend61, Johannes Jirsa, MIKE RICHTER, lizavetta

Herausgegeben von  Antje Watermann

Rainer Hellmann

Lieblings WURSTREZEPTE

Kochen mit dem Thermomix®

LEMPERTZ

INHALT

BRATWURST MIT SCHWEIN

BRÜHWURST UND LEBERKÄSE MIT SCHWEIN

BRÜHWURST MIT RIND, PUTE UND HÜHNCHEN

KOCHWURST

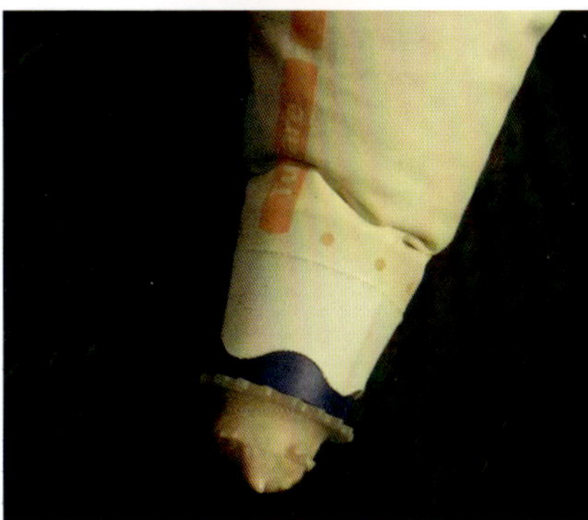

ROHWURST

Liebe Thermomixfreunde,

die mixtipp-Bände leben von begeisterten Autoren, die lieben, was sie tun. Wir freuen uns sehr, mit Rainer Hellmann einen weiteren passionierten Thermomixer verlegen zu dürfen. Der Metzgermeister aus dem Chiemgau lässt uns an seinem reichhaltigen Wissensschatz teilhaben und macht die Wurstherstellung auch für den Laien verständlich und nachvollziehbar.

In Zeiten, in denen Ernährung nicht nur den Grundbedürfnissen dient, sondern auch weltanschauliche Einstellungen transportiert, ist es gerade die Vielfalt, die begeistert. Wir waren schon in der veganen Küche unterwegs, demnächst werden gluten- und laktosefreie Rezepte erscheinen, warum also nicht auch die „Metzgerei für den Hausgebrauch"?

Wie immer bietet das Selbermachen die Möglichkeit, alles zu verarbeiten, was ihr möchtet, und alles wegzulassen, was ihr nicht möchtet. Vielleicht gibt es eine Bezugsquelle für Fleisch und Geflügel bei einem Hobbyzüchter, vielleicht möchtet ihr euch salz- und zuckerärmer ernähren, vielleicht seid ihr auch einfach nur den Einheitsgeschmack vieler Produkte leid.
Der Thermomix® und die wunderbare Rezeptsammlung und Anleitung durch einen Profi geben euch die Freiheit, euren eigenen Geschmack auf den Tisch zu bringen!

Viel Spaß beim Ausprobieren wünscht euch

Antje Watermann

Herausgeberin, Edition Lempertz

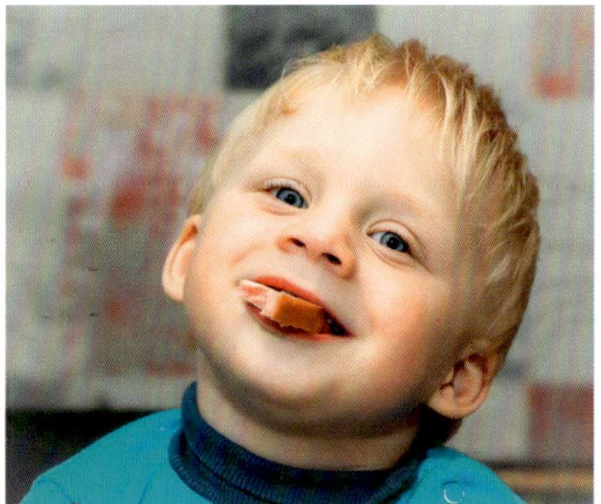

Einleitung

Der Metzger- oder auch Fleischerberuf ist ein sehr altes Handwerk, das mit einigen besonderen Begriffen und Arbeitsgeräten aufwartet. Ich gebe euch hier einen kurzen Überblick, damit ihr euch mit den Abläufen zurechtfindet. Im Großen und Ganzen werden die Wurstsorten nach ihrem Herstellungsverfahren in die folgenden drei großen Gruppen eingeteilt: Brühwurst, Kochwurst und Rohwurst.

BRÜHWURST

wird aus rohem Fleisch mit Hilfe von Eis kalt verarbeitet und anschließend gegart. Das Eis zerkleinerst du zunächst 10 Sekunden/ Stufe 10. Damit erhältst du einen wunderbaren Eisschnee, der zur weiteren Verarbeitung nötig ist. Außerdem erhältst du die nötige Kälte im Mixtopf. Denn bei der Brühwurstherstellung ist es wichtig, dass das Brät nicht wärmer als 10–12°C wird, damit das Fleischeiweiß nicht zu früh abbindet. Deshalb verwende ich hier gerne gefrorenes Fleisch, das ich bereits vor dem Einfrieren in gleich große Stücke portioniert habe, oder ich nehme gefrorenes Hackfleisch, das ich in angetautem Zustand mit einem großen Messer in entsprechende Stücke schneide. Die einheitliche Größe der Fleischstücke garantiert eine schnelle und gleichmäßige Verarbeitung im Mixtopf, so dass die Reibungswärme durch das Zerkleinern geringgehalten wird. Durch diese Vorgehensweise ist auch ein Mindestfett-

gehalt gegeben, der sich durch die Hinzugabe der Eiswürfel auf die gesamte Masse berechnet nochmals reduziert.

Je nach Rezeptur ergänzt du noch frisches Hackfleisch und Öl. Das Verfahren nennt sich „Gesamtbrät-Verfahren", da alle Zutaten in einem Arbeitsgang verarbeitet werden. Da Fleisch ein Naturprodukt ist und auch die Kühlschränke unterschiedlich arbeiten, ist es immer ratsam nach dem Ablauf der angegebenen Zeit die Brät-Temperatur zu messen. Zum einen kann das Brät noch nicht fein genug sein oder auch noch zu kalt und nicht geschmeidig. Dann gibst du einfach noch etwas Zeit dazu und lässt es so lange laufen, dass du maximal 10–12°C erreicht hast.

Manche Brühwurstsorten enthalten in der Brätmasse magere Fleischstücke als Einlage. Damit die Fleischstücke eine Verbindung mit der Brätmasse eingehen können, muss das Fleischeiweiß aufgeschlossen werden. Dafür werden die Fleischstücke mit entsprechenden Gewürzen im Mixtopf 3 Minuten/ Linkslauf/ Stufe 3 gepoltert. Vor der Weiterverarbeitung ruhen sie dann zunächst, um zu umröten, das heißt die rote Fleischfarbe stabilisiert sich, so dass sie auch nach dem Garen erhalten bleibt.

Beim namensgebenden Brühen in bis zu 80°C heißem Wasser gerinnt dann das Fleischeiweiß und es entsteht die feste Struktur, die die Wurst schnittfest macht. Wichtig ist es nach dem Brühen die Wurst in kaltem Wasser durch mehrmaliges Untertauchen auskühlen zu lassen, da sie sonst braun wird. Gebrüht werden üblicherweise in Darm abgefüllte Würste, alternativ „brühen" wir im Varoma oder backen die Masse im Backofen durch. Die genaue Vorgehensweise ist jeweils bei den Rezepten beschrieben. Eine Unterart der Brühwurst stellt die Bratwurst dar, die ein eigenes Kapitel bekommen hat.

KOCHWURST

wird aus gegartem, teilweise auch gepökeltem Fleisch hergestellt. Die Bindung wird hier durch erstarrtes Fett, Leber oder Sülze erreicht, deshalb bleiben Kochwürste beim Erhitzen nicht schnittfest. Fleisch verliert beim Garen an Gewicht – wie viel, hängt von Faktoren ab, auf die wir in der Regel keinen Einfluss haben, wie beispielsweise Züchtung, Fütterung und Schlachtbedingungen. Ich habe in den Rezepten ein Frischgewicht angegeben, das eine ausreichende Menge gegartes Fleisch garantiert. Sollte es zuviel sein, ist der Rest zum Naschen freigegeben!

Für einen Schwartenstand, der für einige Rezepte benötigt wird, wird durch Kochen der Schweineschwarte das Kollageneiweiß herausgelöst. Das aufgeschlossene Fleischeiweiß benötigen wir, um das vorgekochte Fleisch zu binden. Dazu wird die Schweineschwarte im Mixtopf zerkleinert und mit der Brühe, die sich aus dem Kochen des Fleisches ergeben hat, vermischt. Diese Brühe bezeichnet man als **Kesselbrühe**. Der so entstandene Schwartenstand dient vor allem der Optik und macht das darin umhüllte Fleisch schnittfest. Das Faszinierende ist, dass du alle Zubereitungsschritte mit dem Thermomix® ausführen kannst: das Garen und Pökeln des Fleischs, das Kochen der Sülze aus Schwarten, das Poltern und Zerkleinern des Fleischs, das Untermischen der

Gewürze sowie das Einkochen der Wurstgläser 90 Minuten im Varoma. Du kannst aus einer Fülle von Reingewürzen schöpfen. Statt die Sülze aus dem Schwartenstand selbst zu kochen, kannst du auch Gelatine oder Aspikpulver für den Metzgerbedarf aus dem Handel verwenden. Achte darauf, dass sie kochfest ist und eine Bloomzahl von mindestens 200 aufweist.

LEBERWURST

Der reine Fettanteil bei der Leberstreichwurst liegt bei 50 %, bei weniger Fett wird die Wurst sehr trocken. Wer einen höheren Fettanteil erzielen möchte, kann nach Belieben noch aufgefangene fette Kesselbrühe dazugeben. Die Leberwurst wird in Sturzgläser gefüllt und eingekocht. Bei einigen Rezepten wird Essigessenz verwendet. Hier empfehle ich Essigessenz 25 % von Sigur. Damit erhält die Wurst die nötige Schärfe.

ROHWURST

Die letzte wichtige Gruppe stellt die Rohwurst dar. Hier ist ein sehr genaues Verfahren und eine genaue Temperaturführung während der Herstellung und der Reifung notwendig, unter Umständen auch durch Räuchern. Dies ist im Privathaushalt nur schwierig zu gewährleisten, deshalb habe ich mich hier auf einige Rezepte beschränkt, die zum sofortigen Verzehr gedacht sind.

DIE ARBEITSGERÄTE

In der Metzgerei ist das Hauptarbeitsgerät bei der Wurstherstellung der Kutter, das ist eine große, rotierende Schüssel mit einem seitlich angebrachten Schneidwerkzeug. Im Thermomix® sitzt das Messer am Boden, das Rotieren der Schüssel imitierst du, indem du unterstützend mit dem Spatel durch die Deckelöffnung die Masse durchmischst und zwischendurch den Linkslauf einschaltest. Aufgrund vieler Versuche sowohl mit dem TM 5 als auch mit dem TM 31 bin ich zu dem Ergebnis gekommen, dass eine Fleischeinwaage von höchstens 750 g zum besten Ergebnis führt. Zusammen mit den weiteren Zutaten wie Eis, Öl, Zwiebeln, Knoblauch und natürlich den Gewürzen ist dann je nach Rezept eine Brätmasse von maximal 1000 g im Mixtopf. Diese Menge lässt sich zuverlässig in beiden Geräten verarbeiten und entspricht 4–6 Portionen. Wenn du eine größere Menge benötigst, stelle diese einfach in einem weiteren Arbeitsgang her.

Neben dem Thermomix® gibt es noch weitere nützliche Hilfsmittel bei der Wurstherstellung. Als Ergänzung zum Spatel des Thermomix® seien hier optional Teigschaber und Silikonlöffel genannt. Unverzichtbar allerdings ist eine **Löffelwaage** oder eine andere Waage, die in 0,1 g Schritten wiegen kann, denn der Thermomix® wiegt nur in 5 g Schritten, das ist aber für die Dosierung der Gewürze zu grob. Die übrigen Zutaten kannst du dann wie gewohnt mit der Waage des Thermomix® einwiegen.

Äußerst hilfreich ist außerdem ein **Kernfühler**, das ist ein Thermometer, mit dem du sowohl die Temperatur der Brätmasse als auch die Temperatur der gegarten Wurstmasse zuverlässig ermitteln kannst. Der Kernfühler wird einfach für einige Sekunden mit seiner Spitze bis zur Mitte der Masse eingestochen. Brühwurstbrät sollte nie wärmer als 10–12°C sein. Ebenso ermittelst du die Kerntemperatur der Wurst, indem du die Spitze schräg bis zur Mitte einstichst. Liegt die angezeigte Temperatur bei mindestens 68°C, ist die Masse durchgegart.

Zum Formen der Wurst gibt es verschiedene Möglichkeiten. Die sicherlich professionellste Variante ist es, die Brätmasse mit Hilfe einer Wurstspritze in Naturdarm oder passenden Kunstdarm zu füllen und dann durch Abdrehen bzw. Abbinden zu portionieren. Auch gibt es entsprechende Vorrichtungen für den Fleischwolf oder andere Küchenmaschinen, eine Suche im Internet mit den Stichwörtern „Hausschlachten" oder „Hobbywursten" kann hier ganz informativ sein. Naturdarm vom Schwein im Kaliber 26/ 28 oder 28/ 30 kannst du in kleinen Mengen vielleicht auch von einem Metzger beziehen, aber meiner Meinung nach geht es auch viel simpler.

Du kannst die Brätmasse ganz einfach mit Hilfe eines **Spritzbeutels** als Würste in den Varoma spritzen oder du kannst sie mit Hilfe eines kochfesten Gefrierbeutels, beispielsweise von Profissimo/Toppits, als Würste formen und jeweils im Varoma garen. Beide Methoden sind für den Hausgebrauch und die Mengen, die wir mit den Rezepten dieses Buches zubereiten, vollkommen ausreichend und praktikabel.

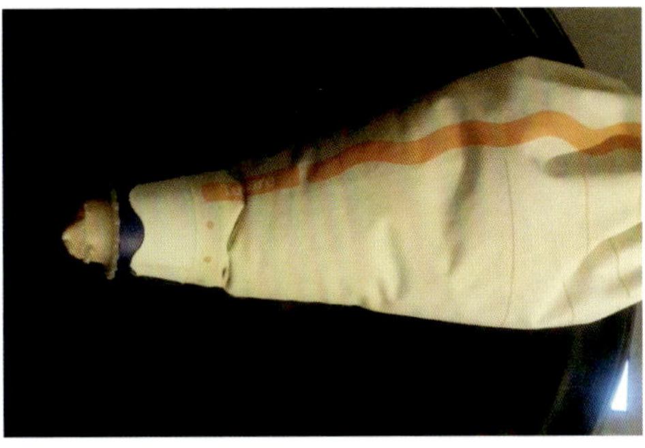

Eine weitere Variante ist das Garen in einer entsprechenden **Form** im Backofen. Hierfür eignen sich rechteckige Silikonformen (23 x 8 x 6 cm) oder auch Aluformen mit ½ oder 1 Liter Inhalt. Auch in einer Muffinform lässt sich das Brät dekorativ garen, beispielsweise für eine Party oder auch zum Mitnehmen.

Zum Einkochen der Brätmasse verwende ich gerne **Sturzgläser** mit 230 ml Fassungsvermögen. Es gibt auch größere Sturzgläser, aber ich finde diese Menge ist gerade richtig. Ich öffne lieber eine frische Wurst oder habe noch eine andere Sorte zur Auswahl. Sturzgläser sind konisch, also nach oben weiter, sie verengen sich nicht so wie Marmeladengläser. Du kannst zum Abendbrot einfach ein Wurstglas öffnen, mit einem scharfen Messer am Rand entlanggehen und die Wurst aus dem Glas stürzen. Dann schneidest du die Wurst in Scheiben und hast einen leckeren Brotbelag, der auch noch richtig professionell aussieht.

Zur Vorbereitung reinigst du zunächst die Gläser und die Deckel. Spüle sie schließlich mit klarem, heißem Wasser aus und stelle sie bis zum Befüllen umgekehrt auf ein sauberes Küchenhandtuch. Du brauchst die Gläser nicht abzutrocknen, denn die Deckel sollen noch nass auf die gefüllten Gläser geschraubt werden. Dadurch bildet sich das Vakuum beim Einkochen besser. Fülle die Gläser mit einem Esslöffel bis ein Zentimeter unterhalb des Randes. Drücke die Wurstmasse vorsichtig in das Glas ein, denn es sollten möglichst keine Luftblasen mehr darin sein. Kontrolliere bitte, dass die Glasränder sauber und frei von Brät sind. Wische sie anderenfalls mit einem Papiertuch sauber und schraube dann die nassen Deckel darauf. Nun können die Gläser eingekocht werden. Wie das mit dem Varoma geht, beschreibe ich auf Seite 14.

Gute Dienste leistet weiterhin ein Vakuumgerät, denn im Vakuum hält sich die zubereitete Wurst im Kühlschrank bis zu 4 Wochen. So lässt sich das Einfrieren fertiger Produkte zum Lagern oft umgehen. Der beste Platz im Kühlschrank für Wurst- und Fleischprodukte ist übrigens auf der Glasplatte über dem Gemüsefach, hier ist der kälteste Platz und es sollte eine Temperatur von 2–4°C herrschen. Miss das ruhig einmal nach, beispielsweise mit dem Kernfühler, und stelle den Kühlschrankthermostat entsprechend ein.

DIE ZUTATEN

Die wichtigste Zutat ist natürlich das **Fleisch**, ich verwende hauptsächlich Schweine- und Rindfleisch sowie Geflügel. Denkbar sind aber auch andere Fleischsorten wie beispielsweise Wild und Lamm. Früher wurde am Schlachttag das schlachtwarme Fleisch frisch zu Koch- und Brühwurst verarbeitet, in den heutigen Großbetrieben ist das so nicht mehr möglich. Auch dort hat sich die Verarbeitung von gekühltem Fleisch durchgesetzt. Bei der Hauswursterei arbeiten wir wie oben beschrieben mit tiefgekühltem Fleisch. Der Vorteil liegt darin, dass du entsprechende Angebote des Handels ausnutzen kannst und benötigte Mengen einfach bevorratest. Hackfleisch in guter Qualität erhältst du beim Discounter, du kannst auch Biofleisch kaufen oder vielleicht auf private Quellen zurückgreifen. Unter Umständen hast du dort die Möglichkeit, ein halbes Schwein oder auch vom Direktvermarkter ein gemischtes Fleischpaket mit 10 kg Rindfleisch ab Hof zu kaufen.

Da der Verbraucher zunehmend magere Fleischstücke nachfragt, ist die Züchtung in diese Richtung verstärkt worden. Dennoch besteht ein Tierkörper nicht nur aus Filet und Schinken und so wird in der Metzgerei das gesamte Tier verarbeitet, vor allem auch das sogenannte „weiße Gold", das Schweinefett. In der Hauswursterei haben wir diese Auswahl nicht und so verwenden wir hoch erhitzbare Pflanzenöle, beispielsweise Sonnenblumenöl, Rapsöl oder Distelöl. Nebenbei wirkt sich das auch günstig auf den Cholesteringehalt der Wurstwaren aus.

Eine weitere wichtige Zutat ist das **Salz** beziehungsweise **Nitritpökelsalz**. Früher war Nitritpökelsalz für die Haltbarmachung notwendig, mit den heutigen Kühlmöglichkeiten ist das nicht mehr nötig. Nitritpökelsalz sorgt aber auch für das uns bekannte Aussehen der Wurst, es ist nämlich für die Umrötung verantwortlich, also den Erhalt der roten Fleischfarbe auch nach dem Garen. Möchtest du lieber auf Nitritpökelsalz verzichten, ersetzt du es einfach durch Kochsalz, die Wurst wird dann grau, schmeckt aber auch lecker. Nitritpökelsalz kannst du im Internet oder im Fachhandel für Fleischereibedarf erwerben.

Phosphat dient als Hilfsmittel beim Kuttern. Natürlicherweise ist es in schlachtwarmem Fleisch enthalten; da wir mit kaltem Fleisch arbeiten, müssen wir es zusetzen, sonst entsteht keine Bindung zwischen Fleisch, Fett und Wasser. Im Internet erhältst du Phosphatpulver unter Kutterhilfsmittel oder im Fachhandel für Fleischereibedarf.

Vitamin C ist nur in Verbindung mit Pökelsalz für die korrekte Umrötung erforderlich. Die Dextrose (Einfachzucker) ist in der geriebenen Zitrone enthalten, die du im gut sortierten Supermarkt z.B. von Dr. Oetker erhältst.

Worauf wir vollständig verzichten können sind Geschmacksverstärker wie Glutamat oder Stabilisatoren. Wir arbeiten mit selbst zusammengestellten Reingewürzen, die in Verbindung mit Salz und Zucker als natürlichen Geschmacksverstärkern alle Geschmacksrezeptoren auf der Zunge ansprechen. Die Würzrezepturen sind individuell auf die Fleischsorte abgestimmt und werden nach der Brätmasse berechnet. Dadurch kommt es manchmal zu krummen Zahlen. Das reine Abschmecken ist schwierig, da sich der Geschmack im fertigen, abgekühlten Produkt verändert, deswegen ist es besser, mit abgewogenen Gewürzen zu arbeiten. Sollte dir ein Rezept zu scharf oder zu fad sein, notiere dir das und korrigiere die Gewürzmenge für das nächste Mal entsprechend.

BEVOR IHR ANFANGT

Wie immer beim Kochen hilft es auch beim „Wursten" ungemein, zuerst das komplette Rezept durchzulesen. Auch wenn das Team mixtipp die Rezepte so bearbeitet hat, dass alle Zutaten in der Reihenfolge ihrer Verarbeitung aufgeführt sind, ist es immer gut, schon vorher den ganzen Ablauf zu kennen. Außerdem hilft es, wenn du dir alle Zutaten und Utensilien vorbereitet in Reichweite stellst. So kommst du nicht in Stress, weil du beispielsweise erst noch Gläser spülen musst, aber deine Wurstmasse schon fertig ist und warm wird.

EIN TIPP ZUR REINIGUNG

Weiche den Mixtopf und auch alle anderen Utensilien, die mit Fleisch oder Brät in Kontakt waren, zuerst in kaltem Wasser ein. In heißem Wasser würde das Fleischeiweiß abbinden und dann hartnäckig an den Gerätschaften haften. Kaltes Wasser weicht die Verunreinigungen ein, ohne dass das Fleischeiweiß abbindet. Anschließend kannst du deine Geräte mit heißem Wasser, Spülmittel und einem weichen Schwamm reinigen. Oder du spülst sie sofort in der Spülmaschine sauber.

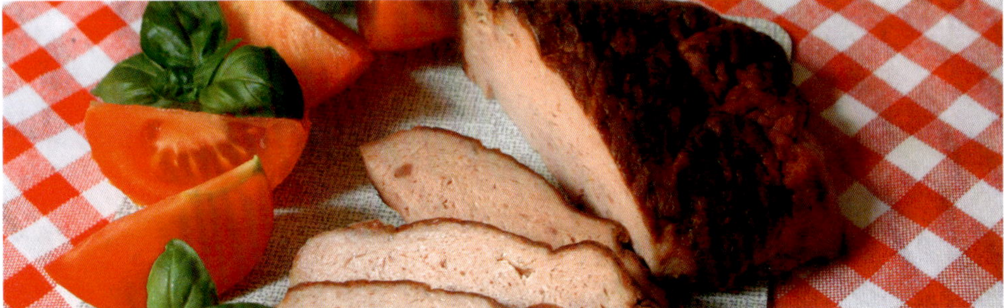

EINKOCHEN IM VAROMA

Es gibt verschiedene Möglichkeiten, Wurstgläser einzukochen, ich verwende auch hierfür gerne den Thermomix®. Fülle zunächst 1500 g Wasser in den gereinigten Mixtopf. Verschließe dann den Mixtopf mit dem Mixtopfdeckel, aber ohne den Messbecher aufzusetzen. Fülle die Fleischmasse bis maximal 1 cm unter den Rand in die Gläser und verschließe sie mit nassen Deckeln. Verteile die Gläser im Varoma und positioniere den Varoma auf dem Mixtopfdeckel. Maximal kannst du 5 Gläser im Varoma verteilen. Solltest du bei einem Rezept 6 Gläser herausbekommen, kannst du das sechste Glas im Kühlschrank aufbewahren und danach oder am nächsten Tag einkochen, oder du stellst das sechste Glas ins Garkörbchen und kochst es so mit ein.

Achte darauf, dass genügend Schlitze frei bleiben, damit der Dampf zirkulieren kann. Setze den Varomadeckel auf und kontrolliere, dass alles richtig sitzt, damit kein Dampf unkontrolliert entweichen kann. Koche die Gläser 90 Minuten/ Varoma/ Sanftrührstufe ein, die angegebene Wassermenge ist für die Garzeit ausreichend bemessen. Öffne den Varomadeckel vorsichtig und lass ihn zunächst auf dem Mixtopf abtropfen. Lass die Gläser am besten einfach im geöffneten Varoma abkühlen und bewege sie nicht. Das Vakuum sollte sich jetzt gebildet haben, was du daran erkennst, dass die abgekühlten Deckel sich nach unten wölben. Eine gute Kontrollmöglichkeit für ein intaktes Vakuum ist das Knackgeräusch beim ersten Öffnen. Solltest du das nicht hören oder sollte der Deckel nach oben gewölbt sein, gehe auf Nummer sicher und entsorge das Glas lieber.

Alternativ kannst du die Wurstmasse auch in einen kochfesten Gefrierbeutel, beispielsweise von Profissimo/Toppits, füllen. Streiche die Wurstmasse von außen mit der Handkante nach hinten, rolle den Beutel zu einer Wurst und lass diese über Nacht im Kühlschrank abbinden und umröten. Fülle am nächsten Tag zunächst 1500 g Wasser in den gereinigten Mixtopf. Verschließe dann den Mixtopf mit dem Mixtopfdeckel, aber ohne den Messbecher aufzusetzen. Positioniere nun den Varomabehälter auf dem Mixtopfdeckel und lege die Wurstrolle hinein. Achte darauf, dass genügend Schlitze frei bleiben, damit der Dampf zirkulieren kann. Setze den Varomadeckel auf und kontrolliere, dass alles richtig sitzt, damit kein Dampf unkontrolliert entweichen kann.

Gare die Wurstrolle auf Varoma/ Sanftrührstufe nach der Faustformel ca. 1 Millimeter = 1 Minute Garzeit und kontrolliere dies mit dem Kernfühler. Öffne den Varomadeckel vorsichtig und lass ihn zunächst über dem Varoma abtropfen. Lass die Wurstrolle am besten einfach im geöffneten Varoma abkühlen. Im Kühlschrank aufbewahrt hält sie sich einige Tage.

Ich möchte mich hier noch ausdrücklich bei meiner Familie und meinen Freunden bedanken, die mir in unzähligen Verkostungen mit ihrem Urteil zur Seite gestanden haben. Durch ihre (*Essen*)tielle Unterstützung war es mir möglich, die Rezepte zu ergänzen und schließlich fertigzustellen. Mir wäre es eine große Freude, wenn mein Buch auch Laien das „Wursten" nahebringt und so wünsche ich dir viel Spaß und Erfolg beim Nachmachen!

Dein Rainer Hellmann aus dem Chiemgau

BRATWURST MIT SCHWEIN

500 g

3 h 10 Min.

mittel

BRATWURST „ITALIA"

Zubereitungszeit: 40 Minuten
Ruhezeit: 2 ½ Stunden
Utensilien: Löffelwaage, Spritzbeutel, alternativ: 2 Gefrierbeutel à 1 l, Grill
Zutaten für 500 g

- 300 g Schinkenfleisch, gefroren
- 200 g Schweinebauch, durchwachsen, frei von Knorpel, Knochen und Schwarte, gefroren
- 9 g Kochsalz
- 2,5 g Knoblauch, frisch, gepresst
- 2 g Pfefferkörner, bunt oder weiß
- 2 g Korianderkörner
- 3 g Fenchelsamen
- 1,5 g Paprika, edelsüß
- 2 g Selleriesalz
- 2 g Rohrzucker
- 1 Ei, Größe M
- 1000 g oder 1500 g Wasser, je nach Variante

1. Lass das Schinkenfleisch und den Schweinebauch zunächst im Kühlschrank 2 Stunden antauen. Anschließend schneidest du das Fleisch in 2 x 2 cm große Würfel.

2. Wiege die Gewürze, also Kochsalz, Knoblauch, Pfefferkörner, Korianderkörner, Fenchelsamen, Paprikapulver, Selleriesalz und Rohrzucker z.B. mit einer Löffelwaage ab und stelle sie beiseite. Gib die Korianderkörner, die Pfefferkörner und die Fenchelsamen in den Mixtopf und zermahle die Körner 20 Sekunden/ Stufe 10.

3. Gib das gewürfelte Fleisch zu den zermahlenen Körnern in den Mixtopf und zerkleinere die Zutaten 8 Sekunden/ Stufe 10. Schiebe mit dem Spatel die Stücke nach unten und lass das Fleisch nun im Mixtopf 30 Minuten ruhen. So schwindet die Kälte aus dem Mixtopf und die Zutaten verbinden sich besser miteinander.

4. Füge nach der Ruhezeit die restlichen abgewogenen Gewürze und das Ei in den Mixtopf hinzu und vermenge die Zutaten 2 Minuten/ Linkslauf/ Stufe 4.

5. Fülle die fertige Masse in einen Spritzbeutel und spritze sie in gewünschter Dicke und Länge auf den Einlegeboden des Varomas. Reinige den Mixtopf und fülle anschließend 1500 g Wasser hinein. Setze den Varoma mit der Wurst auf den Mixtopf und gare die Würste 30 Minuten/ Varoma/ Sanftrührstufe an. So erhält die Wurst die Festigkeit, die sie benötigt, um anschließend auf dem Grill fertig gegart zu werden.

Alternative ohne Spritzbeutel:
Fülle je 250 g der Fleischmasse in einen Gefrierbeutel mit 1 l Fassungsvermögen, forme diesen zu einer Rolle, ca. 3–4 cm dick und verteile die zwei Würste im Gefrierbeutel im Varoma. Reinige den Mixtopf, fülle 1000 g Wasser hinein und setze den Varoma mit den Würsten auf den Mixtopf. Gare die Würste so 30 Minuten/ Varoma/ Sanftrührstufe an. Die Würste erhalten die nötige Festigkeit, um sie anschließend auf dem Grill fertig zu garen.

mixtipp

Du kannst das Fleisch schon vor dem Einfrieren in Würfel schneiden und diese dann im Kühlschrank antauen lassen. Schneide das Fleisch, bevor du es in den Mixtopf gibst, kurz an. Wenn es sich gut schneiden lässt, kannst du es im Mixtopf weiter bearbeiten, ansonsten lässt du es ein wenig länger antauen.

500 g

2 h 40 Min

mittel

GRILLBRETT NACH FRÄNKISCHER ART

Zubereitungszeit: 40 Minuten
Ruhezeit: 2 Stunden
Utensilien: Löffelwaage, Gefrierbeutel à 3 l, Frühstücksbrett, Kernfühler, Grill/Pfanne
Zutaten für 500 g

- 300 g Schinkenfleisch, mager, ohne Schwarte, in kleinen Stücken eingefroren
- 200 g Schweinebauch, durchwachsen, ohne Schwarte, in kleinen Stücken eingefroren
- 5 g Zwiebel, frisch
- 9 g Kochsalz
- 2 g Muskatblüte, gemahlen, z.B. von Fuchs
- 2,5 g Zitronenschale, gemahlen, mit Dextrose, z.B. von Dr. Oetker
- 1 g Piment, gemahlen
- 1 g Pfeffer, gemahlen
- 3 g Majoran
- 2 g Selleriesalz
- 2 g Rohrzucker
- 1 Ei, Größe M
- 1500 g Wasser

1. Lass das Schinkenfleisch und den Schweinebauch zunächst 2 Stunden im Kühlschrank antauen. Probiere anschließend, ob sich das Fleisch mit einem Messer schneiden lässt. Wenn ja, kannst du es in den Mixtopf geben, ansonsten lass es etwas länger antauen.

2. Gib zu dem Fleisch die Zwiebel in den Mixtopf und zerkleinere beides 10 Sekunden/ Stufe 10. Achtung, dabei kann es sehr laut werden. Schiebe die Stücke anschließend mit dem Spatel nach unten.

3. Wiege die Gewürze, also Kochsalz, Muskatblüte, Zitronenschale, Piment, Pfeffer, Majoran, Selleriesalz und Rohrzucker z.B. mit einer Löffelwaage ab. Füge die Gewürze und das Ei in den Mixtopf zu dem Fleisch hinzu und vermenge die Zutaten 2 Minuten/ Linkslauf/ Stufe 3 gut.

4. Fülle das Fleisch in einen Gefrierbeutel. Schiebe das Fleisch mithilfe der Kante eines Frühstücksbretts bis in die Ecken des Beutels. Wende den Beutel dabei immer mal wieder, so dass sich die Masse überall gleichmäßig verteilt.

5. Gib das geformte Fleisch im Gefrierbeutel in den Varoma und reinige den Mixtopf. Befülle den Mixtopf mit 1500 g Wasser und setze den Varoma auf den Mixtopf. Gare das Fleisch nun 30 Minuten/ Varoma/ Sanftrührstufe. Die Kerntemperatur des Fleisches sollte am Ende 70°C betragen. Die Temperatur misst du mit einem Kernfühler, indem du diesen in das Fleisch steckst.

6. Lass das Fleisch im Beutel auskühlen, damit es keinen trockenen Rand bekommt. Wenn das Fleisch kalt ist, nimm es aus der Folie und brate oder grille das Grillbrett anschließend.

mixtipp
Du kannst das Grillbrett noch heiß mit gekochten Kartoffeln und Sauerkraut essen.

600 g

2 h 35 Min.

mittel

KNOBLAUCHGRILLER

Zubereitungszeit: 35 Minuten
Ruhezeit: 2 Stunden
Utensilien: Löffelwaage, Spritzbeutel oder Gefrierbeutel, Grill/Pfanne
Zutaten für 600 g

200 g Schinkenfleisch, gefroren
200 g Schweinebauch, durchwachsen, ohne Schwarte, gefroren
10,8 g Kochsalz
3 g Ingwer, gemahlen
1,2 g Pfeffer, weiß, gemahlen
2,4 g Koriander, gemahlen, z.B. von Ostmann
2,4 g Selleriesalz
2,4 g Vanillinzucker
15 g Knoblauch, frisch
200 g Hackfleisch, gemischt, frisch
1 Ei, Größe M

1. Gib das Schinkenfleisch und den Schweinebauch zunächst in den Kühlschrank und lass das Fleisch 2 Stunden antauen. Schneide beides anschließend mit einem Messer in 2 x 2 cm große Würfel und gib diese in den Mixtopf. Wiege Kochsalz, Ingwer, Pfeffer, Koriander, Selleriesalz und Vanillinzucker z.B. mit einer Löffelwaage ab und stelle die abgewogenen Gewürze beiseite.

2. Zerkleinere das Fleisch mit dem Knoblauch nun im Mixtopf 10 Sekunden/ Stufe 10. Schiebe die Reste mit dem Spatel nach unten, gib das Hackfleisch, die beiseite gestellten Gewürze und das Ei hinzu und vermenge die Zutaten 2 Minuten/ Linkslauf/ Stufe 4.

3. Fülle die Masse in einen Spritzbeutel und spritze sie in gewünschter Länge und Dicke auf den mit Wasser benetzten Einlegeboden des Varomas. Gib 1500 g Wasser in den Mixtopf, setze den Varoma mit der Wurst auf den Mixtopf und gare sie 30 Minuten/ Varoma/ Sanftrührstufe. Die Wurst ist so abgebunden und kann anschließend auf dem Grill fertig gegrillt werden.

600 g

2 h 30 Min.

leicht

PFÄLZER BRATWURST

Zubereitungszeit: 30 Minuten
Ruhezeit: 2 Stunden
Utensilien: Löffelwaage, Spritzbeutel, Grill/Pfanne
Zutaten für 600 g

400 g Schinkenfleisch, durchwachsen, ohne Schwarte, in 2 x 2 cm großen Würfeln eingefroren
200 g Schweinebauch, durchwachsen, ohne Schwarte, in 2 x 2 cm großen Würfeln eingefroren
1,8 g Knoblauch, frisch
10,8 g Kochsalz
6 g Koriander, gemahlen, z.B. von Ostmann
1,2 g Pfeffer, weiß, gemahlen
1,8 g Selleriesalz
1,8 g Rohrzucker
1 Ei, Größe M
1500 g Wasser

1. Gib das Fleisch zunächst in den Kühlschrank und lass es 2 Stunden antauen. Mache anschließend eine Schnittprobe. Lässt sich das Fleisch gut schneiden, kann es im Mixtopf weiterverarbeitet werden.

2. Wiege den Knoblauch z.B. mit einer Löffelwaage ab und gib ihn gemeinsam mit dem Fleisch in den Mixtopf. Zerkleinere beides 15 Sekunden/ Stufe 10. Schiebe die Reste mit dem Spatel nach unten.

3. Wiege Kochsalz, Koriander, Pfeffer, Selleriesalz und Rohrzucker mit einer Löffelwaage ab und gib die Gewürze gemeinsam mit dem Ei in den Mixtopf dazu. Vermenge die Zutaten 2 Minuten/ Linkslauf/ Stufe 3. Die Masse sollte sich am Ende gut verbunden haben.

4. Fülle die fertige Masse in einen Spritzbeutel und spritze sie in gewünschter Dicke und Länge auf den mit Wasser benetzten Einlegeboden des Varomas. Reinige den Mixtopf und fülle anschließend Wasser hinein. Setze den Varoma mit der Wurst auf den Mixtopf und gare die Würste 20 Minuten/ Varoma/ Sanftrührstufe an. So erhält die Wurst die Festigkeit, die sie benötigt, um anschließend auf dem Grill fertig gegart zu werden. Alternativ kannst du die Bratwürste auch in einer Pfanne mit Öl bei mäßiger Stufe braten.

mixtipp
Für größere Bratwürste kannst du die Masse auch in Gefrier- oder Kochbeutel mit 1 Liter Fassungsvermögen füllen, einrollen und in den Varoma legen. Gare die Wurst wie in Schritt 4 beschrieben im Varoma und lege sie dann auf den Grill oder in die Pfanne. Die sicherlich professionellste Methode ist, die Masse in Schweinedärme zu spritzen.

400 g

2 h 40 Min.

leicht

KRÄUTERLINGE

Zubereitungszeit: 10 Minuten
Ruhezeit: 2 ½ Stunden
Utensilien: Löffelwaage, Grill/Pfanne
Zutaten für 400 g

- 200 g Rindfleisch, mager, gefroren
- 100 g Schweinefleisch, mager, gefroren
- 100 g Schweinebauch, durchwachsen, ohne Schwarte, gefroren
- 1,2 g Oregano
- 1,2 g Thymian
- 1,2 g Rosmarin
- 1,2 g Liebstöckel
- 0,8 g Knoblauch, frisch
- 7,2 g Kochsalz
- 0,8 g Pfeffer, weiß, gemahlen
- 1,6 g Rohrzucker
- 1,6 g Selleriesalz
- 1 Ei, Größe L

1. Gib zunächst das gesamte Fleisch und den Schweinebauch in den Kühlschrank und lass das Fleisch 2 Stunden antauen. Schneide es anschließend in 3 x 1 cm große Stücke.

2. Wiege Oregano, Thymian, Rosmarin, Liebstöckel und Knoblauch z.B. mit einer Löffelwaage ab und gib die Gewürze gemeinsam mit dem Rind- und Schweinefleisch in den Mixtopf. Vermische die Zutaten 8 Sekunden/ Stufe 10 und schiebe die Reste mit dem Spatel nach unten.

3. Nun wiegst du Kochsalz, Pfeffer, Rohrzucker und Selleriesalz z.B. mit einer Löffelwaage ab und gibst auch diese Gewürze mit dem Schweinebauch in den Mixtopf hinzu. Zerkleinere die Zutaten 5 Sekunden/ Stufe 10.

4. Lass das Fleisch abgedeckt im Mixtopf eine halbe Stunde ruhen, damit sich die Kälte aus dem Mixtopf herauszieht. So verbindet sich das Fleisch besser mit dem Ei. Gib das Ei nach der Ruhezeit hinzu und vermenge die Zutaten 2 Minuten/ Linkslauf/ Stufe 3.

5. Forme aus der Masse mit der Hand kleine Fleischpflanzerl. Brate sie anschließend in einer Pfanne knusprig oder lege sie auf den Grill.

mixtipp

Wenn du die Kräuterlinge nicht direkt essen möchtest, brate sie trotzdem noch am selben Tag und stelle sie dann in den Kühlschrank.

750 g

40 Min.

schwer

SCHARFE ROLLE

Zubereitungszeit: 40 Minuten
Utensilien: Löffelwaage, Gefrierbeutel à 1 l, Grill/Pfanne, alternativ: 3 Gläser à 230 ml
Zutaten für 750 g

500 g Hackfleisch, gemischt, frisch
250 g Schweinehackfleisch, frisch
13,5 g Nitritpökelsalz
0,8 g Phosphatpulver
3 g Vitamin C
2,3 g Paprikapulver, scharf
1,5 g Pfeffer, gemahlen
3 g Ingwer, gemahlen
3 g Selleriesalz
3 g Rohrzucker
75 g Chilis, rot, grün und gelb, entkernt, in groben Stücken
1500 g Wasser

1. Gib als Erstes das gesamte Hackfleisch in den Mixtopf und zerkleinere es 6 Sekunden/ Stufe 6. Schiebe die Reste mit dem Spatel nach unten. Wiege Nitritpökelsalz, Phosphat, Vitamin C, Paprikapulver, Pfeffer, Ingwer, Selleriesalz und Rohrzucker z.B. mit einer Löffelwaage ab.

2. Wasche und entkerne die Chilischoten und schneide sie in grobe Stücke. Gib die Chilistücke gemeinsam mit den abgewogenen Gewürzen in den Mixtopf zu dem Hackfleisch dazu. Mische die Zutaten 3 Sekunden/ Stufe 10 unter und schiebe die Reste mit dem Spatel nach unten.

3. Vermenge die Masse für weitere 2 Minuten/ Linkslauf/ Stufe 3. Fülle die Masse dann in einen Gefrierbeutel und forme sie zu einer Rolle. Reinige den Mixtopf und befülle ihn mit dem Wasser. Lege die Fleischrolle in den Varoma und setze den Varoma auf den Mixtopf. Gare das Fleisch 30 Minuten/ Varoma/ Sanftrührstufe.

4. Du kannst die scharfe Rolle direkt anbraten oder grillen oder 2–3 Tage im Kühlschrank lagern, bis du sie verzehrst.

mixtipp

Du kannst die Masse auch in saubere Gläser abfüllen und im Varoma einkochen. Wie du das machst, siehst du auf Seite 14.

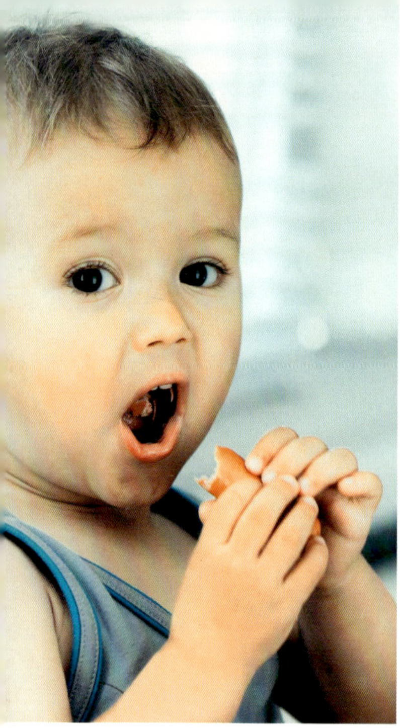

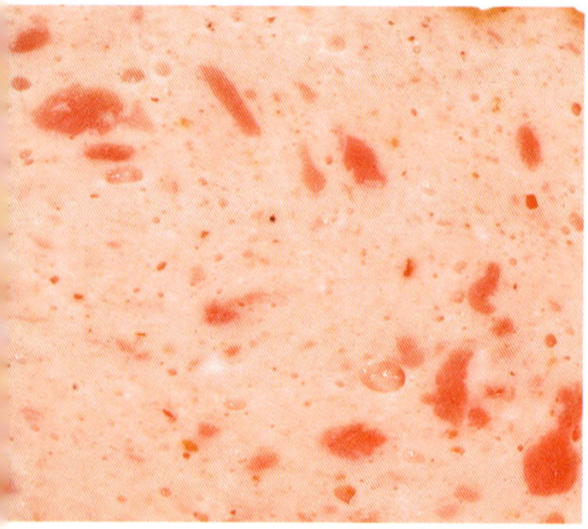

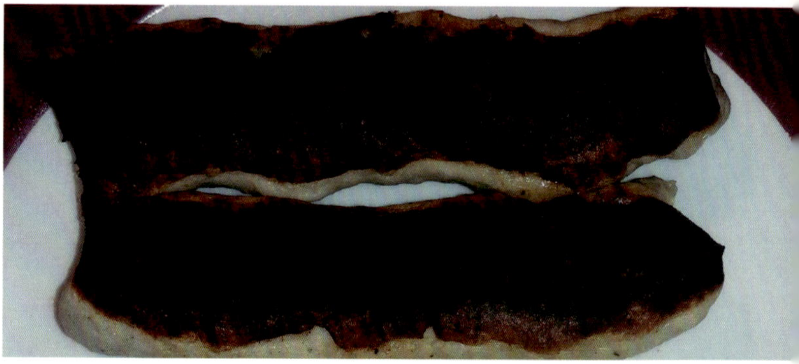

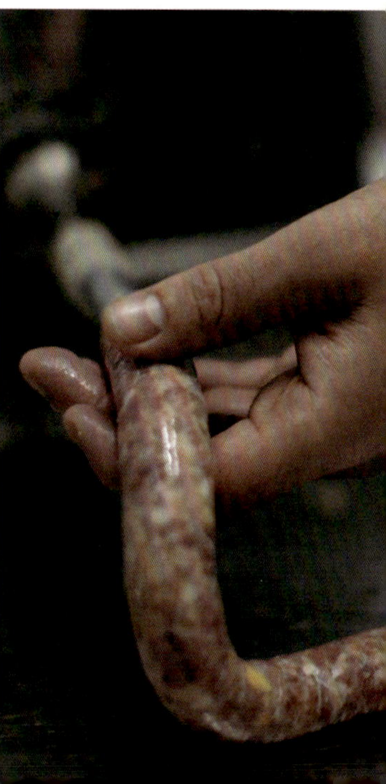

BRÜHWURST UND LEBERKÄSE MIT SCHWEIN

800 g

3 h 20 Min.

mittel

BAYERISCHER LEBERKÄSE, GROB

Zubereitungszeit: 20 Minuten
Ruhezeit: 2 Stunden
Backzeit: ca. 60 Minuten, 150°C Ober-/ Unterhitze
Utensilien: Löffelwaage, Silikonschaber, Silikon- oder Aluform (23 x 8 x 6 cm bzw. 1 l) oder 4 Gläser à 230 ml, Kernfühler
Zutaten für 800 g

- 400 g Schweinehackfleisch, gefroren
- 18 g Nitritpökelsalz
- 3 g Phosphatpulver
- 4 g Vitamin C
- 4 g Selleriesalz
- 3 g Muskatblüte, gemahlen, z.B. von Fuchs
- 2 g Ingwer, gemahlen
- 2 g Pfeffer, weiß, gemahlen
- 7 g Zitronenschale, gerieben, mit Dextrose, z.B. von Dr. Oetker
- 2 g Rohrzucker
- 400 g Hackfleisch, gemischt, frisch
- 2 g Knoblauch, frisch
- 200 g Eiswürfel
- 15 g Zwiebel, frisch

1. Gib zunächst das gefrorene Hackfleisch in den Kühlschrank und lass es 2 Stunden antauen. Wiege z.B. mit einer Löffelwaage Nitritpökelsalz, Phosphat, Vitamin C, Selleriesalz, Muskatblüte, Ingwer, Pfeffer, Zitronenschale und Rohrzucker ab. Vermische die abgewogenen Gewürze in einer Schüssel.

2. Wiege von der Gewürzmischung 15 g ab und arbeite sie mithilfe einer Gabel in das frische Hackfleisch ein. Stelle das Hackfleisch sowie die restliche Gewürzmischung in Schüsseln zur Seite.

3. Wiege auch den Knoblauch mit der Löffelwaage ab und gib ihn gemeinsam mit Eiswürfeln und Zwiebel in den Mixtopf. Zerkleinere die Zutaten 10 Sekunden/ Stufe 10 und schiebe die Reste anschließend mit dem Spatel nach unten.

4. Schneide das angetaute Hackfleisch aus dem Kühlschrank in 3 x 1 cm große Streifen und gib es in den Mixtopf. Zerkleinere die Masse 20 Sekunden/ Stufe 10. Füge die beiseite gestellte Gewürzmischung hinzu und vermenge die Zutaten 10 Sekunden/ Stufe 6.

5. Vermische das Brät für weitere 4 Minuten/ Stufe 10. Nimm anschließend den Deckel vom Mixtopf ab und streife die Ränder mit einem Silikonschaber ab. Das Brät sollte jetzt schön glänzen.

6. Mische nun das beiseite gestellte frische Hackfleisch 30 Sekunden/ Linkslauf/ Stufe 3 mit Hilfe des Spatels bindig ein. Fülle das Brät in eine Silikon- oder Aluform und backe es im Ofen ca. 60 Minuten/ 150°C Ober-/ Unterhitze bis zur gewünschten Bräune. Wenn das Fleisch zu dunkel wird, reduziere die Temperatur auf 100°C Ober-/ Unterhitze. Am Ende der Backzeit sollte die Kerntemperatur des Fleischs 70°C betragen, dann ist der Leberkäse fertig. Die Kerntemperatur misst du mithilfe eines Kernfühlers, den du in das Fleisch steckst. Im Kühlschrank hält sich der Leberkäse 3–5 Tage. Du kannst ihn auch vakuumieren, dann hält er sich bis zu 4 Wochen. Wie du das genau machst, siehst du auf Seite 12.

mixtipp

Wenn du keinen Kernfühler hast, lass das Fleisch nach der angegebenen Backzeit noch 30 Minuten im Ofen ruhen, dann ist es auf jeden Fall gar.

mixtipp

Du kannst das Fleisch in Schritt 6 auch in saubere Gläser abfüllen und einkochen. Wie das genau geht, siehst du auf Seite 14.

800 g

3 h
10–20 Min.

mittel

BAYERISCHER LEBERKÄSE, FEIN

Zubereitungszeit: 10 Minuten
Ruhezeit: 2 Stunden
Backzeit: 60–70 Minuten, 120°C Umluft
Utensilien: Löffelwaage, Silikonschaber, Silikon- oder Aluform (23 x 8 x 6 cm bzw. 1 l), Kernfühler
Zutaten für 800 g

- 400 g Schweinehackfleisch, gefroren
- 200 g Hackfleisch, gemischt, gefroren
- 14,2 g Nitritpökelsalz
- 2,4 g Phosphatpulver
- 2,4 g Vitamin C
- 2,4 g Muskat, gemahlen
- 2,4 g Ingwer, gemahlen
- 0,8 g Pfeffer, weiß, gemahlen
- 3,2 g Zitronenschale, gerieben, mit Dextrose, z.B. von Dr. Oetker
- 3,2 g Rohrzucker
- 1,6 g Knoblauch, frisch
- 7,9 g Zwiebel, frisch
- 190 g Eiswürfel

1. Lass das gesamte Hackfleisch zunächst 2 Stunden im Kühlschrank antauen. Schneide es anschließend in 3 x 1 cm große Streifen. Wiege nun Nitritpökelsalz, Phosphat, Vitamin C, Muskat, Ingwer, Pfeffer, Zitronenschale, Rohrzucker, Knoblauch und Zwiebel z.B. mit einer Löffelwaage ab und stelle die abgewogenen Gewürze zur Seite.

2. Wiege die Eiswürfel in den Mixtopf ein, gib Zwiebel und Knoblauch hinzu und zerkleinere die Zutaten 10 Sekunden/ Stufe 10. Schiebe die Reste mit dem Spatel nach unten, gib das geschnittene Hackfleisch hinzu und vermenge die Zutaten 20 Sekunden/ Stufe 10.

3. Schiebe wiederum die Reste mit dem Spatel nach unten und füge die restlichen abgewogenen Gewürze hinzu. Vermenge die Masse im Mixtopf 10 Sekunden/ Stufe 6. Gib den Spatel durch die Deckelöffnung in den Mixtopf, lass den Thermomix® 3 Minuten/ Stufe 10 laufen und bewege dabei den Spatel immer wieder gegen die Mixrichtung hin und her. Schalte während der Laufzeit ein paar Mal für einige Sekunden den Linkslauf ein, damit sich die Masse besser vermischt.

4. Nimm den Deckel vom Mixtopf ab und streife die Ränder mit einem Silikonschaber ab. Das Brät sollte jetzt schön glänzen. Vermische die Zutaten für weitere 30 Sekunden/ Stufe 6.

5. Backe den Leberkäse nun 60–70 Minuten/ 120°C Umluft bis zur gewünschten Bräune. Die Kerntemperatur vom Brät sollte am Ende des Backvorgangs 70°C betragen, dann ist der Leberkäse fertig. Die Kerntemperatur misst du mithilfe eines Kernfühlers, den du in das Fleisch steckst. Im Kühlschrank aufbewahrt, hält sich der Leberkäse 3–5 Tage. Alternativ kannst du ihn auch vakuumieren, dann hält sich der Leberkäse bis zu 4 Wochen. Wie du das machst, siehst du auf Seite 12.

mixtipp

Wenn du keinen Kernfühler hast, lass das Fleisch nach der angegebenen Backzeit noch 30 Minuten im Ofen ruhen, dann ist es auf jeden Fall gar.

720 g

3 h 10 Min.

mittel

LEBERKÄSE NACH NIEDERBAYERISCHER ART

Zubereitungszeit: 10 Minuten
Ruhezeit: 2 Stunden
Backzeit: ca. 60 Minuten, 150°C Ober-/ Unterhitze
Utensilien: Löffelwaage, Silikonschaber, Silikon- oder Aluform (23 x 8 x 6 cm bzw. 1 l)
Zutaten für 720 g

- 250 g Schweinefleisch, mager, gefroren
- 200 g Rinderhackfleisch, gefroren
- 100 g Schweinebauch, fett, gefroren
- 14,3 g Nitritpökelsalz
- 2,9 g Phosphatpulver
- 2,1 g Vitamin C
- 2,1 g Muskat, gemahlen
- 2,1 g Ingwer, gemahlen
- 2,1 g Piment, gemahlen
- 2,1 g Kardamom, gemahlen
- 2,1 g Kümmel, gemahlen
- 2,9 g Rohrzucker
- 2,9 g Selleriesalz
- 2,9 g Knoblauch, frisch
- 10,7 g Zwiebel, frisch
- 165 g Eiswürfel

1. Lass das Fleisch und den Schweinebauch im Kühlschrank zunächst 2 Stunden antauen. Schneide es anschließend in 3 x 1 cm große Streifen. Wiege Nitritpökelsalz, Phosphat, Vitamin C, Muskat, Ingwer, Piment, Kardamom, Kümmel, Rohrzucker, Selleriesalz, Knoblauch und Zwiebel mit einer Löffelwaage ab. Stelle die Gewürze beiseite und gib Zwiebel und Knoblauch direkt in den Mixtopf.

2. Gib Fleisch und Schweinebauch in den Mixtopf dazu und zerkleinere die Zutaten 30 Sekunden/ Stufe 10. Schiebe die Reste mit dem Spatel nach unten und füge die Eiswürfel in den Mixtopf hinzu. Vermenge die Zutaten weitere 30 Sekunden/ Stufe 10.

3. Schiebe die Reste wieder mit dem Spatel nach unten und gib die beiseite gestellten Gewürze dazu. Mische diese 6 Sekunden/ Stufe 6 unter.

4. Stecke den Spatel durch die Deckelöffnung in den Mixtopf und lass den Thermomix® weitere 4 Minuten/ Stufe 10 laufen. Bewege den Spatel währenddessen immer ein wenig gegen die Mixrichtung. Nimm anschließend den Deckel vom Mixtopf und streife die Ränder mit einem Silikonschaber gut ab. Das Brät sollte jetzt schön glänzen.

5. Vermische das Brät nochmals 1 Minute/ Stufe 6 und stelle dabei gelegentlich den Linkslauf ein. Fülle die Masse in eine Silikon- oder Aluform ab und backe sie im Ofen ca. 60 Minuten/ 150°C Ober-/ Unterhitze bis zur gewünschten Bräune. Sollte das Fleisch zu dunkel werden, reduziere die Ofentemperatur auf 100°C. Die Kerntemperatur des Fleisches sollte am Ende der Backzeit 70°C betragen, dann ist das Fleisch gar. Die Temperatur misst du, indem du einen Kernfühler in das dickste Ende des Fleisches steckst.

710 g

3 h 20 Min.

mittel

STUTTGARTER LEBERKÄSE MIT FRISCHER SCHWEINELEBER

Zubereitungszeit: 20 Minuten
Ruhezeit: 2 Stunden
Backzeit: ca. 60 Minuten, 150°C Ober-/ Unterhitze
Utensilien: Löffelwaage, Silikonspatel, Silikon- oder Aluform (23 x 8 x 6 cm bzw. 1 l) oder 4 Gläser à 230 ml
Zutaten für 710 g

- 300 g Schweinehackfleisch, gefroren
- 200 g Hackfleisch, gemischt, gefroren
- 12,4 g Nitritpökelsalz
- 2,1 g Phosphatpulver
- 2,1 g Vitamin C
- 1,4 g Ingwer, gemahlen
- 2,1 g Piment, gemahlen
- 4,8 g Zitronenschale, gemahlen, mit Dextrose, z.B. von Dr. Oetker
- 2,8 g Selleriesalz
- 2,8 g Vanillinzucker
- 1,4 g Knoblauch, frisch
- 41,4 g Zwiebel, frisch
- 20 g Sonnenblumenöl
- 100 g Schweineleber, frisch
- 90 g Eiswürfel

1. Lass zunächst das gesamte Hackfleisch im Kühlschrank 2 Stunden antauen. Wiege Nitritpökelsalz, Phosphat, Vitamin C, Ingwer, Piment, Zitronenschale, Selleriesalz, Vanillinzucker, Knoblauch und Zwiebel z.B. mit einer Löffelwaage ab. Stelle die Gewürze zur Seite und gib Knoblauch und Zwiebel direkt in den Mixtopf.

2. Zerkleinere Knoblauch und Zwiebel im Mixtopf 3 Sekunden/ Stufe 6. Schiebe die Stücke mit dem Spatel nach unten und gib das Öl hinzu. Dünste die Stückchen jetzt 5 Minuten/ 100°C/ Stufe 1 an. Schiebe die Stücke anschließend wieder mit dem Spatel nach unten und lass die Mischung im Mixtopf kalt werden.

3. Schneide das angetaute Hackfleisch in 3 x 1 cm große Streifen. Gib die frische Schweineleber zu der abgekühlten Zwiebel in den Mixtopf und vermische die Zutaten 10 Sekunden/ Stufe 6. Schiebe die Reste vom Rand mit dem Spatel nach unten.

4. Füge die Eiswürfel in den Mixtopf hinzu und zerkleinere sie 10 Sekunden/ Stufe 10. Streife mit einem Silikonspatel die Masse von den Rändern und auch vom Deckel ab. Gib das geschnittene Hackfleisch dazu und vermenge die Masse 20 Sekunden/ Stufe 10.

5. Schiebe die Mischung mit dem Spatel nach unten und füge die beiseite gestellten Gewürze hinzu. Mische die Gewürze 10 Sekunden/ Stufe 6 unter. Vermenge die Zutaten dann weitere 4 Minuten/ Stufe 10. Schalte dabei immer wieder für einige Sekunden den Linkslauf ein, damit sich die Masse besser vermischt.

6. Nimm anschließend den Deckel vom Mixtopf ab und streife die Ränder mit einem Silikonspatel ab. Vermische die Zutaten abschließend nochmals 30 Sekunden/ Stufe 6.

7. Fülle das Fleisch in eine Silikon- oder Aluform ab und backe den Leberkäse im Ofen ca. 60 Minuten/ 150°C Ober-/ Unterhitze goldbraun. Wenn das Fleisch zu dunkel werden sollte, reduziere die Ofentemperatur auf 100°C Ober-/ Unterhitze. Am Ende der Backzeit sollte das Fleisch eine Kerntemperatur von 70°C haben, dann ist das Fleisch gar. Die Temperatur misst du mit einem Kernfühler, den du in das dickste Ende des Fleisches steckst.

mixtipp

Du kannst das Fleisch in Schritt 7 auch in Gläser abfüllen und im Varoma einkochen. Wie das genau geht, siehst du auf Seite 14.

800 g

3 h 15 Min.

mittel

KALBSKÄSE

Zubereitungszeit: 15 Minuten
Ruhezeit: 2 Stunden
Backzeit: ca. 60 Minuten, 150°C Ober-/ Unterhitze
Utensilien: Löffelwaage, Silikonschaber, Silikon- oder Aluform (23 x 8 x 6 cm bzw. 1 l), Kernfühler
Zutaten für 800 g

- 500 g Schweinehackfleisch, gefroren
- 100 g Kalbfleisch, mager, in 2 x 2 cm großen Stücken, gefroren
- Petersilie, frisch, nach Belieben
- 15,6 g Kochsalz
- 2,3 g Phosphatpulver
- 3,1 g Muskatblüte, gemahlen, z.B. von Fuchs
- 6,2 g Zitronenschale, gerieben, mit Dextrose, z.B. von Dr. Oetker
- 1,6 g Pfeffer, weiß, gemahlen
- 3,1 g Selleriesalz
- 3,1 g Vanillinzucker
- 11,7 g Zwiebel, frisch
- 180 g Eiswürfel

1. Zunächst lässt du das Hackfleisch und das Kalbfleisch 2 Stunden im Kühlschrank antauen. Wasche die Petersilie und zupfe die Blätter von den Stängeln ab. Wiege Kochsalz, Phosphat, Muskatblüte, Zitronenschale, Pfeffer, Selleriesalz, Vanillinzucker und Zwiebel z.B. mit einer Löffelwaage ab. Stelle die abgewogenen Gewürze separat beiseite.

2. Schneide ein Stück Kalbfleisch probeweise mit einem Messer an. Lässt es sich gut schneiden, ist es genügend angetaut und kann im Mixtopf weiterverarbeitet werden.

3. Gib das Kalbfleisch in den Mixtopf und zerkleinere es 10 Sekunden/ Stufe 10. Schiebe die Stücke mit dem Spatel nach unten und füge das Eis und die Zwiebel hinzu. Vermenge die Zutaten weitere 10 Sekunden/ Stufe 10. Schiebe die Reste mit dem Spatel nach unten und schneide das Hackfleisch in 3 x 1 cm große Streifen.

4. Füge das Hackfleisch in den Mixtopf hinzu und zerkleinere die Zutaten 10 Sekunden/ Stufe 10. Gib nun noch die restlichen beiseite gestellten Gewürze hinzu und vermenge die Zutaten 30 Sekunden/ Stufe 6.

5. Gib den Spatel durch die Deckelöffnung in den Mixtopf und lass den Thermomix® 3 Minuten/ Stufe 10 laufen. Bewege den Spatel währenddessen immer ein wenig hin und her, damit sich die Masse gut verbindet. Nimm anschließend den Deckel vom Mixtopf ab und schiebe die Reste vom Rand mit einem Silikonschaber nach unten. Das Brät sollte jetzt schön glänzen.

6. Füge nun noch die abgezupfte Petersilie hinzu und mische sie 15 Sekunden/ Stufe 6 unter. Fülle die Masse in eine Silikon- oder Aluform und gib sie in den Ofen. Backe den Kalbskäse nun ca. 60 Minuten/ 150°C Ober-/ Unterhitze goldbraun. Wenn der Fleischkäse zu dunkel wird, reduziere die Ofentemperatur auf 100°C Ober-/ Unterhitze. Die Kerntemperatur des Fleisches sollte am Ende der Backzeit 70°C betragen, dann ist das Fleisch fertig. Die Temperatur misst du mithilfe eines Kernfühlers, den du in das dickste Ende des Fleisches steckst. Der Kalbskäse hält sich im Kühlschrank 3–5 Tage. Alternativ kannst du ihn auch vakuumieren, dann hält er sich bis zu 4 Wochen. Wie du das machst, siehst du auf Seite 12.

mixtipp

Wenn du keinen Kernfühler hast, lass das Fleisch nach der angegebenen Backzeit noch 30 Minuten im Ofen ruhen, dann ist es auf jeden Fall gar.

650 g

3 h 15 Min.

mittel

JOGHURT-FLEISCHKÄSE

Zubereitungszeit: 15 Minuten
Ruhezeit: 2 Stunden
Backzeit: ca. 60 Minuten, 130°C Ober-/ Unterhitze
Utensilien: Löffelwaage, Kernfühler, Silikon- oder Aluform (23 x 8 x 6 cm bzw. 1l) oder 3 Gläser à 230 ml
Zutaten für 650 g

- 400 g Schweineschinkenfleisch (Lachs), gefroren
- 11,7 g Nitritpökelsalz
- 2 g Phosphatpulver
- 2,6 g Vitamin C
- 2,6 g Selleriesalz
- 0,7 g Pfeffer, weiß, gemahlen
- 2 g Rohrzucker
- 1,3 g Muskatblüte, gemahlen, z.B. von Fuchs
- 1,3 g Ingwer, gemahlen
- 1,3 g Knoblauch, frisch
- 3,3 g Zwiebel, frisch
- 130 g Eiswürfel
- 120 g Joghurt, 10 % Fett, z.B. von Weihenstephan

1. Lass das Schweineschinkenfleisch im Kühlschrank zunächst 2 Stunden antauen. Schneide es anschließend in 3 x 3 cm große Stücke. Wiege Nitritpökelsalz, Phosphat, Vitamin C, Selleriesalz, Pfeffer, Rohrzucker, Muskatblüte, Ingwer, Knoblauch und Zwiebel z.B. mit einer Löffelwaage ab. Stelle die Gewürze zur Seite und gib Zwiebel und Knoblauch direkt in den Mixtopf.

2. Gib das kleingeschnittene Fleisch in den Mixtopf dazu und zerkleinere die Zutaten 20 Sekunden/ Stufe 10. Schiebe die Reste mit dem Spatel nach unten.

3. Füge die Eiswürfel hinzu und zerkleinere die Zutaten im Mixtopf 20 Sekunden/ Stufe 10. Schiebe die Reste wieder mit dem Spatel nach unten. Gib die beiseite gestellten Gewürze und den Joghurt dazu und mische beides 6 Sekunden/ Stufe 6 unter.

4. Vermenge die Masse für weitere 4 Minuten/ Stufe 10 und schiebe anschließend die Reste mit dem Spatel nach unten. Das Brät sollte jetzt schön glänzen. Vermische die Masse nochmals 30 Sekunden/ Stufe 6 und fülle sie anschließend in eine Silikon- oder Aluform. Messe mithilfe eines Kernfühlers die Temperatur des Fleisches. Stecke den Kernfühler dazu in die dickste Stelle des Fleisches. Die Kerntemperatur sollte maximal 12°C betragen.

5. Gib den Fleischkäse nun in den Ofen und backe ihn ca. 60 Minuten/ 130°C Ober-/ Unterhitze goldbraun. Am Ende der Backzeit sollte die Kerntemperatur 70°C betragen. Messe diese wieder mithilfe eines Kernfühlers.

mixtipp

Statt den Fleischkäse zu backen, kannst du ihn auch in Gläser abfüllen und einkochen. Wie du das machst, siehst du auf Seite 14.

800 g

3–13 h 10 Min.

mittel

DA' SCHMOIZIGE ZWIEVEKAS

Zubereitungszeit: 10 Minuten
Ruhezeit: 2–12 Stunden
Backzeit: ca. 60 Minuten, 150°C Ober-/ Unterhitze
Utensilien: Löffelwaage, Silikon- oder Aluformform (23 x 8 x 6 cm bzw. 1 l), Kernfühler
Zutaten für 800 g

- 130 g Zwiebeln, in groben Stücken
- 30 g Sonnenblumenöl
- 500 g Schweinehackfleisch, gefroren
- 11,3 g Nitritpökelsalz
- 1,9 g Phosphatpulver
- 2,5 g Vitamin C
- 2,5 g Selleriesalz
- 2,5 g Rohrzucker
- 1,9 g Muskatblüte, gemahlen, z.B. von Fuchs
- 1,9 g Piment, gemahlen
- 1,3 g Kardamom, gemahlen
- 1,3 g Knoblauch, frisch
- 125 g Eiswürfel

1. Bereite die Zwiebeln am Vorabend oder zwei Stunden vorher zu und lass sie im Mixtopf auskühlen. Zur Brätherstellung wird ein kalter Mixtopf benötigt. Dafür schälst du die Zwiebeln und gibst sie in groben Stücken in den Mixtopf. Zerkleinere die Zwiebelstücke anschließend 2 Sekunden/ Stufe 6. Schiebe die Stücke mit dem Spatel nach unten und gieße das Öl dazu. Dünste die Zwiebeln nun 10 Minuten/ 120°C/ Sanftrührstufe an.

2. Lass die Zwiebeln im Mixtopf auskühlen und fülle sie dann in eine separate Schale um. Spüle den Mixtopf nicht aus, das Aroma der Zwiebeln kann für die Zubereitung des Fleisches genutzt werden.

3. Gib das Hackfleisch in den Kühlschrank und lass es dort 2 Stunden antauen. Anschließend schneidest du es in 3 x 1 cm große Streifen und wiegst Nitritpökelsalz, Phosphat, Vitamin C, Selleriesalz, Rohrzucker, Muskatblüte, Piment, Kardamom und Knoblauch z.B. mit einer Löffelwaage ab. Stelle die abgewogenen Gewürze beiseite und gib den Knoblauch direkt in den Mixtopf.

4. Nun gibst du die Eiswürfel in den Mixtopf dazu und zerkleinerst beides 10 Sekunden/ Stufe 10. Schiebe den so entstandenen Eisschnee anschließend mit einem Spatel nach unten.

5. Füge das Hackfleisch und die abgewogenen Gewürze hinzu und vermenge die Zutaten 20 Sekunden/ Stufe 6.

6. Lass den Thermomix® für weitere 4 Minuten/ Stufe 10 laufen und schiebe anschließend die Reste mit dem Spatel nach unten. Das Brät sollte jetzt schön glänzen. Gib die beiseite gestellten Zwiebeln dazu und vermenge sie 30 Sekunden/ Linkslauf/ Stufe 4 mit dem Fleisch.

7. Fülle die Fleischmasse in eine Silikon- oder Aluform ab und backe sie im vorgeheizten Ofen ca. 60 Minuten/ 150°C Ober-/ Unterhitze bis zur gewünschten Bräune. Wenn das Fleisch zu dunkel wird, reduziere die Ofentemperatur auf 100°C Ober-/ Unterhitze. Die Kerntemperatur des Fleisches muss am Ende der Backzeit 70°C betragen. Die Temperatur misst du mithilfe eines Kernfühlers, den du in die dickste Stelle des Fleisches steckst. Das Fleisch hält sich im Kühlschrank 3–5 Tage. Alternativ kannst du die Wurst auch vakuumieren, dann hält sie sich bis zu 4 Wochen. Wie du das genau machst, sieht du auf Seite 12.

mixtipp

Statt frischer Zwiebeln kannst du auch selbst gemachte oder fertige Röstzwiebeln verwenden.

mixtipp

Wenn du keinen Kernfühler hast, lass das Fleisch nach der angegebenen Backzeit noch 30 Minuten im Ofen ruhen, dann ist es auf jeden Fall gar.

520 g

3 h 15 Min.

mittel

FEURIGE CHILIWURST

Zubereitungszeit: 15 Minuten
Ruhezeit: 2 Stunden
Backzeit: ca. 60 Minuten, 150°C Ober-/ Unterhitze
Utensilien: Löffelwaage, Silikonschaber, Einweghandschuhe, Silikon- oder Aluform (23 x 8 x 6 cm bzw. 1 l) oder 3 Gläser à 230 ml
Zutaten für 520 g

- 250 g Schweinehackfleisch, gefroren
- 150 g Hackfleisch, gemischt, gefroren
- 9,4 g Nitritpökelsalz
- 1,6 g Phosphatpulver
- 1 g Vitamin C
- 1,6 g Muskat, gemahlen
- 1 g Ingwer, gemahlen
- 0,5 g Pfeffer, weiß, gemahlen
- 1,6 g Selleriesalz
- 1,6 g Vanillinzucker
- 3,1 g Zitronenschale, gerieben, mit Dextrose, z.B. von Dr. Oetker
- 1 g Knoblauch, frisch
- 5,2 g Zwiebel, frisch
- 3 Chilis, frisch, rot, gelb, grün, entkernt, in groben Stücken
- 120 g Eiswürfel

1. Gib zunächst das gesamte Hackfleisch in den Kühlschrank und taue es 2 Stunden an. Schneide es anschließend in 3 x 1 cm große Streifen. Wiege Nitritpökelsalz, Phosphat, Vitamin C, Muskat, Ingwer, Pfeffer, Selleriesalz, Vanillinzucker, Zitronenschale, Knoblauch und Zwiebel z.B. mithilfe einer Löffelwaage ab und stelle die Gewürze, Zwiebel und Knoblauch separat beiseite.

2. Wasche die Chilis, entkerne sie und schneide sie in grobe Stücke. Verwende dazu Einweghandschuhe. Gib die Stücke in den Mixtopf und zerkleinere sie 2 Sekunden/ Stufe 6. Fülle die zerkleinerten Chilis in eine separate Schüssel um und spüle den Mixtopf nicht aus. Die Restschärfe, die im Mixtopf bleibt, wird für die weitere Verarbeitung genutzt.

3. Gib nun die Eiswürfel mit der Zwiebel und dem Knoblauch in den Mixtopf und zerkleinere die Zutaten 10 Sekunden/ Stufe 10. Schiebe den Eisschnee mit dem Spatel nach unten, gib das in Streifen geschnittene Hackfleisch dazu und zerkleinere die Zutaten weitere 10 Sekunden/ Stufe 10.

4. Schiebe die Stücke wiederum mit dem Spatel nach unten und gib die abgewogenen Gewürze hinzu. Gib den Spatel durch die Deckelöffnung in den Mixtopf und lass den Thermomix® 4 Minuten/ Stufe 10 laufen. Währenddessen bewegst du den Spatel immer ein wenig hin und her und schaltest ein paar Mal für einige Sekunden den Linkslauf ein. So vermischt sich das Fleisch besser mit den restlichen Zutaten.

5. Nimm den Deckel vom Mixtopf ab, streife die Ränder mit einem Silikonschaber ab und füge die zerkleinerten Chilis hinzu. Mische die Chilis 30 Sekunden/ Linkslauf/ Stufe 3 unter und fülle die Masse nun in eine Silikon- oder Aluform um.

6. Gib die Wurst nun für ca. 60 Minuten/ 150°C Ober-/ Unterhitze bis zur gewünschten Bräune in den Ofen. Wenn die Wurst zu dunkel wird, reduziere die Temperatur des Ofens auf 100°C Ober-/ Unterhitze. Die Kerntemperatur der Wurst muss am Ende der Backzeit 70°C betragen, dann ist die Wurst fertig. Die Kerntemperatur misst du, indem du einen Kernfühler in das dickste Ende der Wurst steckst und die Temperatur misst. Im Kühlschrank hält sich die Wurst 3–5 Tage. Alternativ kannst du die Wurst auch vakuumieren, dann ist sie bis zu 4 Wochen haltbar. Wie das genau geht, siehst du auf Seite 12.

mixtipp

Du kannst die Wurst in Schritt 5 auch in saubere Gläser abfüllen und einkochen. Wie du das genau machst, siehst du auf Seite 14.

mixtipp

Wenn du keinen Kernfühler hast, lass das Fleisch nach der angegebenen Backzeit noch 30 Minuten im Ofen ruhen, dann ist es auf jeden Fall gar.

1000 g

4 h 25 Min.

mittel

SCHWEINEBIERSCHINKEN

Zubereitungszeit: 15 Minuten
Ruhezeit: 3 Stunden
Backzeit: ca. 70 Minuten, 150°C Ober-/ Unterhitze
Utensilien: Löffelwaage, Silikonschaber, Silikonform (23 x 8 x 6 cm)
Zutaten für 1000 g

Für das Brät:

- 200 g Hackfleisch, gemischt, von Schwein und Rind, gefroren
- 200 g Schweinehackfleisch, gefroren
- 1 g Knoblauch, frisch
- 9 g Nitritpökelsalz
- 1,5 g Phosphatpulver
- 1 g Pfeffer, weiß, gemahlen
- 2 g Muskat, gemahlen
- 2 g Rohrzucker
- 2 g Selleriesalz
- 1,5 g Vitamin C
- 5 g Zwiebel, frisch
- 100 g Eiswürfel

Für die Einlage:

- 9 g Nitritpökelsalz
- 1,5 g Phosphatpulver
- 1,5 g Vitamin C
- 2 g Ingwer, gemahlen
- 1 g Muskatblüte, gemahlen, z.B. von Fuchs
- 500 g Schinkenfleisch, mager
- Pfeffer, rot oder grün, optional, nach Belieben
- Pistazien, gehackt, optional, nach Belieben

mixtipp

Wenn du keinen Kernfühler hast, lass das Fleisch nach der angegebenen Backzeit noch 30 Minuten im Ofen ruhen, dann ist es auf jeden Fall gar.

Fortsetzung

SCHWEINEBIERSCHINKEN

1. Lass das gesamte Hackfleisch für das Brät als Erstes 2 Stunden im Kühlschrank antauen.

2. Für die Einlage wiegst du Nitritpökelsalz, Phosphat, Vitamin C, Ingwer und Muskatblüte z.B. mit einer Löffelwaage ab. Schneide das Schinkenfleisch in 2 x 2 cm große Stücke. Gib das Schinkenfleisch und die Gewürze, optional auch Pfeffer und Pistazien in den Mixtopf und poltere die Zutaten 2 Minuten/ Linkslauf/ Stufe 2. Lass die Einlage anschließend im Mixtopf 1 Stunde umröten.

3. Fülle das gepolterte und umgerötete Fleisch in eine separate Schüssel um und reinige den Mixtopf nicht. Das Resteiweiß und der Geschmack werden für das Brät weiter verwendet.

4. Wiege für das Brät Knoblauch, Nitritpökelsalz, Phosphat, Pfeffer, Muskat, Rohrzucker, Selleriesalz und Vitamin C mit einer Löffelwaage ab. Gib den Knoblauch in den Mixtopf und stelle die restlichen Gewürze zur Seite. Schneide das angetaute Hackfleisch in 3 x 1 cm breite Streifen.

5. Füge in den Mixtopf noch die Zwiebel und die Eiswürfel hinzu und vermische die Zutaten 10 Sekunden/ Stufe 10. Schiebe mit dem Spatel den Eisschnee nach unten. Gib das in Streifen geschnittene Hackfleisch in den Mixtopf dazu und vermenge die Zutaten 20 Sekunden/ Stufe 10.

6. Nun gibst du noch die beiseite gestellten Gewürze dazu und mischst sie 6 Sekunden/ Stufe 6 unter. Stecke den Spatel durch die Deckelöffnung in den Mixtopf und lass den Thermomix® 4 Minuten/ Stufe 10 laufen. Bewege dabei den Spatel immer wieder hin und her.

7. Nimm anschließend den Deckel vom Mixtopf ab und streife mit einem Silikonschaber die Ränder gut ab. Das Brät sollte schön glänzen. Vermische die Zutaten für 30 Sekunden/ Stufe 6.

8. Gib das Brät in die Schüssel zu dem Einlagefleisch und vermische die Zutaten so miteinander, dass sie sich gut verbinden. Fülle die Masse in eine Silikonform ab und schlage sie gut mit der Handkante ein. So entweichen die Luftlöcher und beim Anschneiden erscheint ein schönes Schnittbild.

9. Backe den Schweinebierschinken im Ofen ca. 70 Minuten/ 150°C Ober-/ Unterhitze bis zur gewünschten Bräune fertig. Sollte das Fleisch zu dunkel werden, reduziere die Ofentemperatur auf 100°C Ober-/ Unterhitze. Die Kerntemperatur des Fleisches sollte am Ende 70°C betragen. Die Temperatur misst du mit einem Kernfühler, den du in das dickste Stück des Fleisches steckst.

Beim Poltern wird das Fleisch langsam und stumpf bewegt. Die Struktur des Fleisches wird dadurch feiner und durch das austretende Eiweiß entsteht eine Masse, die besser bindet.
Bei der Umrötung verfärbt sich der Muskelfarbstoff Myoglobin in rote Farbe durch eine chemische Reaktion mit Nitritpökelsalz und Vitamin C. Dadurch bleibt die rote Farbe im Fleisch beständig und es wird nicht grau.

640 g

3 h 10 Min.

mittel

SCHWEINSKÄSE MIT MAJORAN

Zubereitungszeit: 10 Minuten
Ruhezeit: 2 Stunden
Backzeit: ca. 60 Minuten, 150°C Ober-/ Unterhitze
Utensilien: Löffelwaage, Silikonschaber, Silikon- oder Aluform (23 x 8 x 6 cm bzw. 1 l) oder 4 Gläser à 230 ml, Kernfühler
Zutaten für 640 g

Für die Einlage:

- 200 g Schweineschinkenfleisch, gefroren
- 100 g Schweinebauch, durchwachsen, ohne Schwarte, gefroren
- 20 g Zwiebel, frisch, in groben Stücken
- 0,9 g Phosphatpulver
- 6 g Nitritpökelsalz
- 1,2 g Ingwer, gemahlen
- 5 g Majoran

Für das Brät:

- 250 g Hackfleisch, gemischt, gefroren
- 0,7 g Knoblauch, frisch
- 90 g Eiswürfel
- 6,1 g Nitritpökelsalz
- 1 g Phosphatpulver
- 0,3 g Pfeffer, weiß, gemahlen
- 0,7 g Muskat, gemahlen
- 0,7 g Muskatblüte, gemahlen, z.B. von Fuchs
- 1,4 g Ingwer, gemahlen
- 1,4 g Rohrzucker
- 1,4 g Selleriesalz
- 1 g Vitamin C

Fortsetzung

SCHWEINSKÄSE MIT MAJORAN

1. Lass zunächst für die Einlage das Schweineschinkenfleisch und den Schweinebauch 60 Minuten im Kühlschrank antauen. Schneide das angetaute Fleisch in Stücke und gib es gemeinsam mit der Zwiebel in den Mixtopf. Vermische beides 5 Sekunden/ Stufe 10. Schiebe die Stücke anschließend mit dem Spatel nach unten.

2. Wiege für die Einlage Phosphat, Nitritpökelsalz, Ingwer und Majoran z.B. mit einer Löffelwaage ab und gib die abgewogenen Gewürze in den Mixtopf dazu. Mische sie 30 Sekunden/ Linkslauf/ Stufe 3 unter.

3. Fülle das Fleisch in eine separate Schüssel um und lass es in dieser abgedeckt 60 Minuten umröten. Währenddessen lässt du für das Brät das Hackfleisch 60 Minuten im Kühlschrank auftauen.

4. Wiege den Knoblauch mit einer Löffelwaage ab und gib ihn mit den Eiswürfeln in den Mixtopf. Zerkleinere beides 10 Sekunden/ Stufe 10 und schiebe den Eisschnee mit dem Spatel nach unten. Schneide das angetaute Hackfleisch in 3 x 1 cm große Streifen und gib sie zu dem Eisschnee in den Mixtopf dazu. Zerkleinere beides 20 Sekunden/ Stufe 10.

5. Schiebe die Stücke mit dem Spatel nach unten und wiege mit einer Löffelwaage Nitritpökelsalz, Phosphat, Pfeffer, Muskat, Muskatblüte, Ingwer, Rohrzucker, Selleriesalz und Vitamin C ab. Gib die Gewürze in den Mixtopf dazu und mische sie 5 Sekunden/ Stufe 5 unter.

6. Vermenge das Brät für weitere 3 Minuten/ Stufe 10. Durch die geringe Menge Hackfleisch kann es sein, dass die Messer gelegentlich leer durchdrehen. Wenn das passiert, stoppe den Vorgang, schiebe mit dem Spatel das Fleisch wieder nach unten und vermische das Brät in der verbleibenden Zeit auf Stufe 6 weiter.

7. Das Brät sollte jetzt schön glänzen. Anschließend kannst du die vorbereitete Einlage aus der Schüssel hinzugeben und 30 Sekunden/ Linkslauf/ Stufe 6 untermischen. Nimm nun den Deckel vom Mixtopf ab und streife mit einem Silikonschaber die Ränder gut ab.

8. Vermische die Masse abschließend nochmals 10 Sekunden/ Linkslauf/ Stufe 6. Fülle das Fleisch in eine Silikon- oder Aluform ab. Arbeite die Masse dabei gut in die Form ein, so entweichen die Luftlöcher und beim Anschneiden entsteht ein schönes Schnittbild.

9. Backe den Schweinskäse im Ofen ca. 60 Minuten/ 150°C Ober-/ Unterhitze bis zur gewünschten Bräune. Wenn das Fleisch zu dunkel werden sollte, reduziere die Ofentemperatur auf 100°C Ober-/ Unterhitze. Am Ende der Backzeit sollte die Kerntemperatur 70°C betragen, dann ist das Fleisch gar. Messe die Temperatur mit einem Kernfühler, den du in das dickste Ende des Fleisches steckst.

mixtipp

Du kannst das Fleisch schon vor dem Einfrieren in Stücke schneiden. Wenn das Fleisch angetaut ist, mache eine Schnittprobe, bevor du es im Thermomix® weiter verarbeitest.

mixtipp

Wenn du keinen Kernfühler hast, lass das Fleisch nach der angegebenen Backzeit noch 30 Minuten im Ofen ruhen, dann ist es auf jeden Fall gar.

850 g

2 h 45 Min.

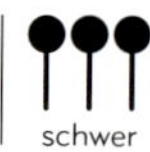
schwer

WOLLWURST

Zubereitungszeit: 45 Minuten
Ruhezeit: 2 Stunden
Utensilien: Löffelwaage, Silikonschaber, Spritzbeutel mit einer Tüllengröße von 2–3 cm
Zutaten für 850 g

500 g Schweinehackfleisch, gefroren
150 g Kalbfleisch, mager, in 2 x 2 cm Stücken eingefroren
17 g Kochsalz
2,6 g Phosphatpulver
3,4 g Muskatblüte, gemahlen, z.B. von Fuchs
6,8 g Zitronenschale, gerieben, mit Dextrose, z.B. von Dr. Oetker
1,7 g Pfeffer, weiß, gemahlen
3,4 g Selleriesalz
3,4 g Vanillinzucker
12,8 g Zwiebel, frisch
170 g Eiswürfel
30 g Sonnenblumenöl
1500 g Wasser

1. Lass das Hackfleisch und die Kalbfleischstücke zunächst 2 Stunden im Kühlschrank antauen. Nach der Zeit sollte das Fleisch schnittfest sein. Schneide das Hackfleisch in 3 x 1 cm große Streifen und mache bei dem Kalbfleisch eine Schnittprobe. Kannst du es gut schneiden, kann es im Mixtopf weiter verarbeitet werden.

2. Wiege Kochsalz, Phosphat, Muskatblüte, Zitronenschale, Pfeffer, Selleriesalz, Vanillinzucker und Zwiebel z.B. mit einer Löffelwaage ab. Stelle die Gewürze und die Zwiebel separat zur Seite.

3. Gib die angetauten Kalbfleischstücke in den Mixtopf und zerkleinere sie 10 Sekunden/ Stufe 10. Schiebe die Stücke mit dem Spatel nach unten. Füge die Eiswürfel und die Zwiebel hinzu und zerkleinere die Zutaten weitere 10 Sekunden/ Stufe 10. Schiebe den Eisschnee mit dem Spatel nach unten.

4. Füge das in Streifen geschnittene Hackfleisch dazu und zerkleinere die Masse 10 Sekunden/ Stufe 10. Schiebe die Reste mit dem Spatel nach unten und gib noch die beiseite gestellten Gewürze und das Öl in den Mixtopf dazu. Mische beides 5 Sekunden/ Stufe 6 unter.

5. Stecke den Spatel durch die Deckelöffnung in den Mixtopf und lass den Thermomix® 3 Minuten/ Stufe 10 laufen. Bewege den Spatel dabei immer wieder hin und her. Nimm anschließend den Deckel vom Mixtopf und streife mit einem Silikonschaber die Ränder ab. Das Brät sollte jetzt schön glänzen.

6. Vermische die Masse nochmals 30 Sekunden/ Stufe 6. Fülle die gesamte Brätmasse jetzt in einen Spritzbeutel ab. Benetze den Varoma-Einlegeboden mit kaltem Wasser und spritze das Brät in ca. 15 cm langen Würsten auf den Varoma-Einlegeboden.

7. Reinige den Mixtopf und befülle ihn mit dem Wasser. Setze den verschlossenen Varoma auf den Mixtopf und gare die Würste 30 Minuten/ Varoma/ Sanftrührstufe. Lass die Würste anschließend in einer Schüssel mit kaltem Wasser auskühlen. Tauche die Würste dabei immer wieder gut unter, damit sie nicht braun werden.

mixtipp

Du kannst die Würste statt sie im Varoma zu dünsten, auch in einer hohen Pfanne garen. Befülle die Pfanne bis auf eine Höhe von 5 cm mit Wasser und erhitze es auf 70°C. Spritze die Wurst in der gewünschten Länge mit einem Spritzbeutel in die Pfanne. Brühe die Wurst in der Pfanne 20 Minuten. Stupse die Wurst nach der Hälfte der Zeit seitlich an, damit sie sich im Wasser dreht, um gleichmäßig zu brühen.

mixtipp

Reiche zu den Wollwürsten Kartoffelpüree und Schnittlauch.

 520 g
 2 h 40 Min.
 leicht

DER KLASSIKER AUS DEM GLAS

Zubereitungszeit: 1 Stunde 40 Minuten
Ruhezeit: 60 Minuten
Utensilien: Löffelwaage, 3 Gläser à 230 ml
Zutaten für 520 g

- 9,5 g Nitritpökelsalz
- 1,6 g Phosphatpulver
- 1,1 g Vitamin C
- 2,1 g Selleriesalz
- 2,1 g Rohrzucker
- 1,1 g Ingwer, gemahlen
- 0,5 g Pfeffer, gemahlen
- 0,5 g Knoblauch, frisch gepresst
- 500 g Schweineschinkenfleisch, in groben Stücken
- 1525 g Wasser

1. Wiege Nitritpökelsalz, Phosphat, Vitamin C, Selleriesalz, Rohrzucker, Ingwer, Pfeffer und Knoblauch z.B. mit einer Löffelwaage ab. Schneide das Fleisch in 3 x 3 cm große Stücke. Gib das Fleisch, 25 g Wasser, den Knoblauch und die restlichen abgewogenen Gewürze in den Mixtopf.

2. Poltere das Fleisch 3 Minuten/ Linkslauf/ Stufe 3. Lass das Fleisch anschließend abgedeckt 60 Minuten im Mixtopf umröten. Vermische die Masse nach der Ruhezeit nochmals 30 Sekunden/ Linkslauf/ Stufe 3.

3. Fülle die fertige Masse in saubere Gläser bis 1 cm unter den Rand ab und verschließe die Gläser mit nassen Deckeln. Reinige den Mixtopf und befülle ihn mit 1500 g Wasser. Verteile die Gläser im Varoma und setze den Varoma auf den Mixtopf drauf. Koche die Gläser nun 90 Minuten/ Varoma/ Sanftrührstufe ein.

4. Nimm anschließend den Deckel vom Varoma ab und lass die Gläser auskühlen. Wenn die Gläser kalt sind, sollten die Gläserdeckel eingezogen sein. Im Kühlschrank sind die Gläser ungeöffnet maximal 12 Wochen haltbar.

Beim Poltern wird das Fleisch langsam und stumpf bewegt. Die Struktur des Fleisches wird dadurch feiner und durch das austretende Eiweiß entsteht eine Masse, die besser bindet.
Bei der Umrötung verfärbt sich der Muskelfarbstoff Myoglobin in rote Farbe durch eine chemische Reaktion mit Nitritpökelsalz und Vitamin C. Dadurch bleibt die rote Farbe im Fleisch beständig und es wird nicht grau.

750 g

3 h 10 Min.

leicht

KNOBLAUCHPILLE IM GLAS

Zubereitungszeit:
1 Stunde 40 Minuten
Ruhezeit: 1 ½ Stunden
Utensilien: Löffelwaage,
4 Gläser à 230 ml
Zutaten für 750 g

- 250 g Schinkenfleisch vom Rind, gefroren
- 13,5 g Nitritpökelsalz
- 2,3 g Phosphatpulver
- 3 g Vitamin C
- 2,3 g Ingwer, gemahlen
- 2,3 g Pfeffer, weiß, gemahlen
- 2,3 g Koriander, gemahlen, z.B. von Ostmann
- 2,3 g Kümmel, gemahlen
- 3 g Selleriesalz
- 3 g Rohrzucker
- 11,3 g Knoblauch, frisch
- 500 g Schweinehackfleisch, frisch
- 1500 g Wasser

1. Lass das Schinkenfleisch vom Rind zunächst 1 Stunde im Kühlschrank antauen. Wiege Nitritpökelsalz, Phosphat, Vitamin C, Ingwer, Pfeffer, Koriander, Kümmel, Selleriesalz, Rohrzucker und Knoblauch z.B. mit einer Löffelwaage ab. Stelle die abgewogenen Gewürze beiseite und gib den Knoblauch direkt in den Mixtopf.

2. Schneide das angetaute Fleisch in kleine Stücke und gib die Stücke in den Mixtopf dazu. Zerkleinere die Zutaten 8 Sekunden/ Stufe 10 und schiebe die Stücke anschließend mit dem Spatel nach unten.

3. Gib die abgewogenen Gewürze und das frische Hackfleisch hinzu und vermenge die Masse 1–2 Minuten/ Linkslauf/ Stufe 4. Die Masse sollte sich gut miteinander verbinden. Lass die Mischung nun für eine halbe Stunde im Mixtopf ziehen.

4. Nach der Ziehzeit vermengst du die Zutaten nochmals 10 Sekunden/ Linkslauf/ Stufe 4 und drückst sie dann bis 1 cm unter den Rand in saubere Gläser ein. Reinige den Mixtopf und verschließe die Gläser mit nassen Deckeln.

5. Verteile die Gläser im Varoma, befülle den sauberen Mixtopf mit dem Wasser und setze den Varoma auf den Mixtopf. Koche die Gläser nun 90 Minuten/ Varoma/ Sanftrührstufe ein. Zum Schluss nimmst du den Varomadeckel ab und lässt die Gläser auskühlen. Wenn die Gläser kalt sind, sollten die Gläserdeckel eingezogen sein. Im Kühlschrank kannst du die Gläser ungeöffnet maximal 12 Wochen aufbewahren.

mixtipp
Achtung!
Für Vampire
nicht geeignet!

1350 g

3 h 15 Min.

schwer

WURST MAL ANDERS – KÄSEWURST

Zubereitungszeit: 15 Minuten
Ruhezeit: 2 Stunden
Backzeit: ca. 60 Minuten, 150°C Ober-/ Unterhitze
Utensilien: Löffelwaage, Silikonschaber, Silikon- oder 2 Aluformen (23 x 8 x 6 cm bzw. 1 l)
Zutaten für 1350 g

500 g Schweinehackfleisch, gefroren
20,7 g Nitritpökelsalz
3,5 g Phosphatpulver
3,5 g Vitamin C
2,3 g Muskat, gemahlen
2,3 g Muskatblüte, gemahlen, z.B. von Fuchs
4,6 g Selleriesalz
1,2 g Pfeffer, weiß, gemahlen
1,2 g Paprikapulver
4,6 g Rohrzucker
23 g Parmesan, gerieben
11,5 g Zwiebel, frisch
2,3 g Knoblauch, frisch
500 g Schweinegeschnetzeltes, frisch, mager
150 g Eiswürfel
200 g Bergkäse, in 1 x 1 cm Würfeln

1. Lass das Schweinehackfleisch im Kühlschrank 2 Stunden antauen.

2. Wiege währenddessen Nitritpökelsalz, Phosphat, Vitamin C, Muskat, Muskatblüte, Selleriesalz, Pfeffer, Paprikapulver, Rohrzucker, Parmesan, Zwiebel und Knoblauch z.B. mit einer Löffelwaage ab. Stelle Zwiebel und Knoblauch in einer Schüssel beiseite und vermische die anderen Gewürze in einer weiteren Schüssel.

3. Für die Einlage gibst du 20 g von den vermischten Gewürzen und das Schweinegeschnetzelte in den Mixtopf. Poltere das Geschnetzelte nun 2 Minuten/ Linkslauf/ Stufe 3.

4. Gib das Fleisch aus dem Mixtopf mithilfe des Spatels in eine separate Schüssel. Lass das Fleisch nun 1 Stunde abgedeckt umröten. Den Mixtopf nicht auswaschen.

5. Vermische im Mixtopf Eiswürfel, Zwiebel und Knoblauch 6 Sekunden/ Stufe 10. Schiebe den Eisschnee mit dem Spatel nach unten und schneide das Hackfleisch in 3 x 1 cm große Streifen. Gib das geschnittene Hackfleisch und die restliche Gewürzmischung in den Mixtopf dazu und mische beides 30 Sekunden/ Stufe 6 unter.

6. Gib den Spatel durch die Deckelöffnung in den Mixtopf und lass den Thermomix® weitere 3 Minuten/ Stufe 10 laufen. Bewege den Spatel währenddessen immer ein wenig hin und her, damit sich die Masse gut verbindet.

7. Nimm anschließend den Deckel vom Mixtopf ab und streife die Reste mit einem Silikonschaber vom Rand ab. Das Brät sollte jetzt schön glänzen. Gib nun das umgerötete Einlagefleisch aus der Schüssel und die Käsewürfel hinzu. Vermische die Zutaten 1 Minute/ Linkslauf/ Stufe 3, bis eine homogene Masse entstanden ist.

8. Fülle das Brät in eine Silikon- oder 2 Aluformen ab und backe es im Ofen ca. 60 Minuten/ 150°C Ober-/ Unterhitze goldbraun. Sollte das Fleisch zu dunkel werden, reduziere die Ofentemperatur auf 100°C Ober-/ Unterhitze. Die Kerntemperatur des Fleisches sollte am Ende der Backzeit 70°C betragen, dann ist das Fleisch fertig. Die Temperatur misst du mit einem Kernfühler, den du in das dickste Ende des Fleisches steckst.

Beim Poltern wird das Fleisch langsam und stumpf bewegt. Die Struktur des Fleisches wird dadurch feiner und durch das austretende Eiweiß entsteht eine Masse, die besser bindet.
Bei der Umrötung verfärbt sich der Muskelfarbstoff Myoglobin in rote Farbe durch eine chemische Reaktion mit Nitritpökelsalz und Vitamin C. Dadurch bleibt die rote Farbe im Fleisch beständig und es wird nicht grau.

840 g

3 h 15 Min.

mittel

BÄRLAUCH-FLEISCHWURST

Zubereitungszeit: 15 Minuten
Ruhezeit: 2 Stunden
Backzeit: ca. 60 Minuten, 150°C Ober-/ Unterhitze
Utensilien: Löffelwaage, Silikonschaber, Silikon- oder Aluform (23 x 8 x 6 cm bzw. 1 l) oder 4 Gläser à 230 ml, Kernfühler
Zutaten für 840 g

- 400 g Schweinehackfleisch, gefroren
- 250 g Hackfleisch, gemischt, gefroren
- 14,6 g Nitritpökelsalz
- 2,4 g Phosphatpulver
- 2,4 g Vitamin C
- 1,6 g Muskatblüte, gemahlen, z.B. von Fuchs
- 1,6 g Ingwer, gemahlen
- 1,6 g Pfeffer, weiß, gemahlen
- 4,9 g Zitronenschale, gerieben, mit Dextrose, z.B. von Dr. Oetker
- 3,3 g Selleriesalz
- 3,3 g Rohrzucker
- 1,6 g Knoblauch, frisch
- 8,1 g Zwiebel, frisch
- 165 g Eiswürfel
- Bärlauchblätter, gewaschen, abgetropft, in groben Stücken, nach Belieben

1. Lass das Hackfleisch zunächst 2 Stunden im Kühlschrank antauen. Schneide es anschließend in ca. 3 x 1 cm große Streifen und wiege Nitritpökelsalz, Phosphat, Vitamin C, Muskatblüte, Ingwer, Pfeffer, Zitronenschale, Selleriesalz, Rohrzucker, Knoblauch und Zwiebel z.B. mit einer Löffelwaage ab. Stelle die abgewogenen Gewürze zur Seite und gib Zwiebel und Knoblauch direkt in den Mixtopf.

2. Gib die Eiswürfel in den Mixtopf dazu und zerkleinere die Mischung 10 Sekunden/ Stufe 10. Schiebe mit dem Spatel den Eisschnee anschließend nach unten.

3. Füge die Hackfleischstreifen hinzu und vermenge die Zutaten 20 Sekunden/ Stufe 10. Gib nun die beiseite gestellten Gewürze hinzu und vermenge die Masse 6 Sekunden/ Stufe 6.

4. Stecke den Spatel durch die Deckelöffnung von oben in den Mixtopf und vermenge das Fleisch mithilfe des Spatels weitere 4 Minuten/ Stufe 10. Schiebe mit dem Spatel das Brät gegen die Drehrichtung des laufenden Messers. Schalte währenddessen den Thermomix® immer wieder für ein paar Sekunden auf Linkslauf, damit sich die Masse besser vermischt.

5. Anschließend nimmst du den Mixtopfdeckel ab und streifst die Ränder mit einem Silikonschaber ab. Das Brät sollte jetzt schön glänzen. Schneide den Bärlauch in grobe Stücke und gib die Stücke zu dem Brät in den Mixtopf. Vermenge die Zutaten weitere 30 Sekunden/ Stufe 6.

6. Fülle die Masse in eine Silikon- oder Aluform ab und backe sie im Ofen ca. 60 Minuten/ 150°C Ober-/ Unterhitze bis zur gewünschten Bräune. Wenn das Fleisch zu dunkel wird, verringere die Temperatur auf 100°C Ober-/ Unterhitze. Das Fleisch ist fertig gebacken, wenn es eine Kerntemperatur von 70°C erreicht hat. Kontrolliere das, indem du den Kernfühler in die Fleischwurst steckst und die Temperatur misst. Im Kühlschrank gelagert hält sich die Wurst bis zu 1 Woche. Du kannst die Wurst, wenn sie ausgekühlt ist, auch vakuumieren, dann ist sie bis zu 4 Wochen haltbar. Wie du das genau machst, siehst du auf Seite 12.

mixtipp

Du kannst die Wurst in Schritt 6 auch in saubere Gläser abfüllen und im Varoma einkochen. Wie du das machst, siehst du auf Seite 14.

mixtipp

Wenn du keinen Kernfühler hast, lass das Fleisch nach der angegebenen Backzeit noch 30 Minuten im Ofen ruhen, dann ist es auf jeden Fall gar.

1050 g

1 h 45 Min.

schwer

WEISSWURST MIT KALBFLEISCH

Zubereitungszeit: 45 Minuten
Ruhezeit: 60 Minuten
Utensilien: Löffelwaage, Silikonschaber, Kernfühler, Schweinedärme Kaliber 26/ 28, Wurstspritze
Zutaten für 1050 g

- 600 g Schweinehackfleisch, gefroren
- 150 g Kalbfleisch, mager, gefroren, in groben Stücken
- 19,3 g Kochsalz
- 3 g Phosphatpulver
- 3 g Vanillinzucker
- 3 g Muskatblüte, gemahlen, z.B. von Fuchs
- 6,1 g Zitronenschale, gerieben, mit Dextrose, z.B. von Dr. Oetker
- 1 g Pfeffer, weiß, gemahlen
- 2,4 g Selleriesalz
- 20,3 g Zwiebel, frisch
- 235 g Eiswürfel
- 30 g Sonnenblumenöl
- Petersilie, frisch gezupft, nach Belieben

1. Gib das Hackfleisch und das Kalbfleisch zunächst in den Kühlschrank und lass es ca. 60 Minuten antauen. Nach der Zeit sollte das Fleisch schnittfest sein. Schneide das Hackfleisch in 3 x 1 cm große Streifen und wiege Kochsalz, Phosphat, Vanillinzucker, Muskat, Zitronenschale, Pfeffer, Selleriesalz und Zwiebel z.B. mit einer Löffelwaage ab. Stelle die Gewürze beiseite und gib die Zwiebel in den Mixtopf.

2. Gib das Kalbfleisch in den Mixtopf dazu und zerkleinere beides 10 Sekunden/ Stufe 10. Schiebe die Stücke mit dem Spatel nach unten. Füge die Eiswürfel hinzu und zerkleinere die Zutaten 10 Sekunden/ Stufe 10. Schiebe mit dem Spatel den Eisschnee nach unten.

3. Füge das geschnittene Hackfleisch hinzu und zerkleinere die Mischung 30 Sekunden/ Stufe 10. Gib die abgewogenen Gewürze und das Öl dazu und mische beides 10 Sekunden/ Stufe 6 unter.

4. Stecke den Spatel durch den Mixtopfdeckel oben ein und lass den Thermomix® 5 Minuten/ Stufe 10 laufen. Bewege den Spatel dabei in die Mitte und drehe ihn immer wieder gegen die Mixrichtung. So wird das Fleisch dem Messer besser zugeführt.

5. Nimm anschließend den Deckel vom Mixtopf ab und streife mit einem Silikonschaber die Ränder gut ab. Das Brät sollte dann schön glänzen. Ist das Brät noch nicht fein und glatt, vermische es nochmals 1–3 Minuten/ Stufe 10. Mache vorher aber eine Temperaturkontrolle. Das Fleisch darf die Temperatur von 12°C nicht überschreiten. Die Temperatur misst du mit einem Kernfühler, den du in das Fleisch steckst.

mixtipp

Aus der hier angegebenen Masse erhältst du ca. 7–8 Würste. Es bleibt immer ein bisschen Restbrät in der Wurstspritze hängen. Wenn du mehr Würste herstellen möchtest, mache einfach die doppelte Menge Brät. Dafür stellst du erst die hier angegebene Menge her, stellst diese anschließend in einer Schüssel kühl und wiederholst den Vorgang mit der zweiten Menge. Vermische beide Mengen in der Schüssel und verfahre dann wie in Schritt 7 beschrieben fort. So erhältst du bis zu 15 Würste.

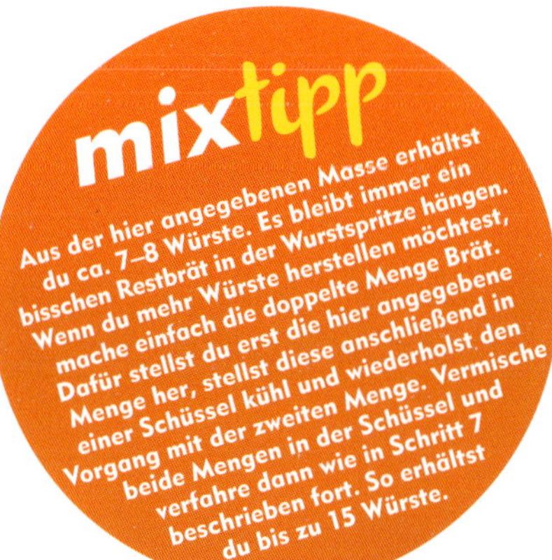

6. Mische abschließend noch nach Belieben Petersilie 30 Sekunden/ Stufe 10 unter.

7. Spritze die Masse in einen Schweinedarm Kaliber 26/ 28 und drehe diesen in ca. 80 g (10 cm) Würste ab. Erhitze Wasser in einem weiten Topf auf 70°C. Kontrolliere mit einem Kernfühler die Temperatur und brühe die Würste im heißen Wasser 20 Minuten. Nimm die Würste anschließend aus dem Topf und genieße sie mit Brezen, süßem Senf und Hefeweißbier.

8. Die restlichen Würste, die nicht direkt verzehrt werden, lässt du in kaltem Wasser abkühlen, damit sie nicht braun werden. Tauche sie dabei mehrmals unter.

Vorgehensweise Würste abdrehen: Befülle die Wurstspritze mit dem Brät und drehe sie soweit bis an der Rohröffnung etwas rauskommt. Spüle den Darm mit warmem Wasser durch, streife ihn aus, ziehe ihn auf und verknote ihn. Fülle den Darm langsam und mit Gefühl, jedoch nicht zu streng sonst platzt er. Nimm den Wurststrang in beide Hände, messe zwischen den Daumen ca. 10 cm ab und dann drückst du mit beiden spitzen Daumen den Strang ein und drehst diesen mehrmals um die eigene Achse (3–4 Umschläge). Wenn du mit dem Strang durch bist, verknote das Ende wieder.

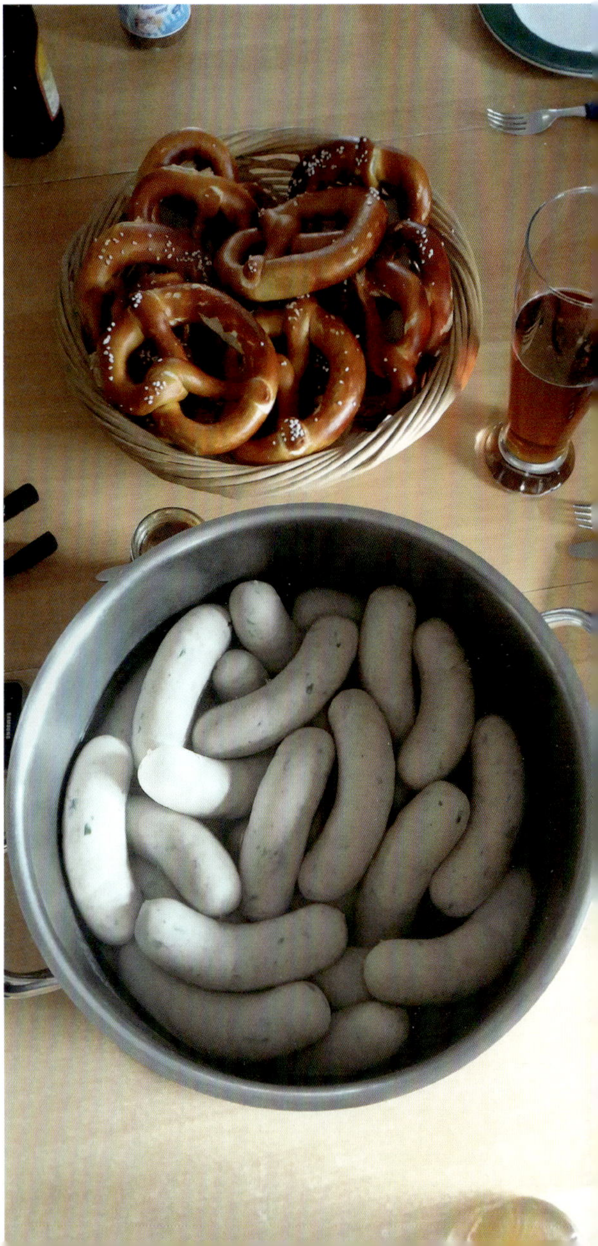

750 g

3 h 20 Min.

mittel

GÄRTNERS SCHWEIN

Zubereitungszeit: 20 Minuten
Ruhezeit: 2 Stunden
Backzeit: ca. 60 Minuten, 150°C Ober-/ Unterhitze
Utensilien: Löffelwaage, Silikonschaber, Silikon- oder Aluform (23 x 8 x 6 cm bzw. 1 l) oder 4 Gläser à 230 ml, Kernfühler
Zutaten für 750 g

500 g Schweinehackfleisch, gefroren
12,5 g Nitritpökelsalz
1,9 g Phosphatpulver
1,9 g Vitamin C
1,3 g Muskatblüte, gemahlen, z.B. von Fuchs
1,3 g Koriander, gemahlen
1,3 g Pfeffer, weiß, gemahlen
1,9 g Ingwer, gemahlen
2 g Rohrzucker
1,3 g Knoblauch, frisch
30 g Sellerie, in groben Stücken
30 g Möhre, geschält, in groben Stücken
30 g Paprika, rot, in groben Stücken
30 g Lauch, in groben Stücken
125 g Eiswürfel

1. Lass das Hackfleisch zunächst 2 Stunden im Kühlschrank antauen. Schneide es anschließend mit einem Messer in 3 x 1 cm große Streifen. Wiege Nitritpökelsalz, Phosphatpulver, Vitamin C, Muskatblüte, Koriander, Pfeffer, Ingwer, Rohrzucker und Knoblauch z.B. mit einer Löffelwaage ab und stelle den Knoblauch und die Gewürze separat beiseite.

2. Putze und schäle das Gemüse und schneide es in grobe Stücke. Gib Sellerie, Möhre, Paprika und Lauch in den Mixtopf und zerkleinere das Gemüse 2 Sekunden/ Stufe 5. Fülle es anschließend in eine separate Schüssel um.

3. Gib nun die Eiswürfel gemeinsam mit dem Knoblauch in den Mixtopf und zerkleinere die Zutaten 10 Sekunden/ Stufe 10. Schiebe den so entstandenen Eisschnee mit dem Spatel nach unten.

4. Füge das in Streifen geschnittene Hackfleisch dazu und vermenge die Zutaten weitere 20 Sekunden/ Stufe 10. Schiebe die Reste mit dem Spatel nach unten und gib die abgewogenen Gewürze dazu. Vermenge die Masse weitere 6 Sekunden/ Stufe 6.

5. Lass den Thermomix® nun für 4 Minuten/ Stufe 10 laufen. Anschließend nimmst du den Deckel vom Mixtopf ab und streifst die Ränder mit einem Silikonschaber ab. Das Brät sollte jetzt schön glänzen. Vermenge die Zutaten für weitere 30 Sekunden/ Stufe 6.

6. Füge jetzt das beiseite gestellte Gemüse hinzu und menge es 30 Sekunden/ Linkslauf/ Stufe 3 unter. Fülle die Masse in eine Silikon- oder Aluform um und backe die Wurst ca. 60 Minuten/ 150°C Ober-/ Unterhitze. Sollte die Wurst zu dunkel werden, reduziere die Ofentemperatur auf 100°C. Die Kerntemperatur der Wurst muss am Ende der Backzeit 70°C betragen, dann ist sie fertig. Die Temperatur misst du mit einem Kernfühler, den du in das dickste Ende der Wurst steckst.

mixtipp

Du kannst alternativ auch getrocknetes Wurzel- oder Suppengemüse nach Geschmack verwenden.

mixtipp

Die Wurst kannst du auch in Gläser füllen und im Varoma einkochen. Wie das genau geht, siehst du auf Seite 14.

10–15 Stück

2 h 30 Min.

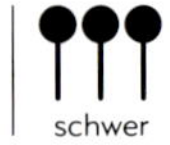
schwer

KALBSBRÄTNOCKERL

Zubereitungszeit: 30 Minuten
Ruhezeit: 2 Stunden
Utensilien: Löffelwaage, Silikonschaber, Kernfühler
Zutaten für 10–15 Stück, je nach Größe

- 250 g Schweinehackfleisch, gefroren
- 150 g Kalbfleisch, in 2 x 2 cm Stücken, gefroren
- 11 g Kochsalz
- 1,7 g Phosphatpulver
- 1,1 g Muskatblüte, gemahlen, z.B. von Fuchs
- 3,9 g Zitronenschale, gerieben, mit Dextrose, z.B. von Dr. Oetker
- 0,6 g Pfeffer, weiß, gemahlen
- 2,2 g Selleriesalz
- 2,2 g Vanillinzucker
- 8,3 g Zwiebel, frisch
- 110 g Eiswürfel
- 40 g Sonnenblumenöl
- Petersilie, gehackt, optional, nach Belieben
- 1 Ei, Größe M
- Semmelbrösel, nach Belieben

1. Lass das Hackfleisch und das Kalbfleisch im Kühlschrank 2 Stunden antauen. Wiege Kochsalz, Phosphatpulver, Muskatblüte, Zitronenschale, Pfeffer, Selleriesalz, Vanillinzucker und Zwiebel z.B. mit einer Löffelwaage ab. Stelle die abgewogenen Gewürze und die Zwiebel separat zur Seite.

2. Schneide das angetaute Hackfleisch in 3 x 1 cm große Streifen und mache beim Kalbfleisch eine Schnittprobe. Lässt sich das Fleisch gut schneiden, kannst du es im Mixtopf weiterverarbeiten.
Gib das Kalbfleisch in den Mixtopf und zerkleinere es 10 Sekunden/ Stufe 10. Schiebe die Stücke anschließend mit dem Spatel nach unten.

3. Füge nun die Eiswürfel und die Zwiebel hinzu und vermenge die Zutaten 10 Sekunden/ Stufe 10. Schiebe den Eisschnee wiederum mit dem Spatel nach unten und füge das Hackfleisch in den Mixtopf dazu. Vermische das Hackfleisch mit den anderen Zutaten 10 Sekunden/ Stufe 10. Schiebe die Reste wieder mit dem Spatel nach unten.

4. Füge nun noch das Öl und die abgewogenen Gewürze hinzu und vermenge die Masse 6 Sekunden/ Stufe 6. Gib den Spatel durch die Deckelöffnung in den Mixtopf und lass den Thermomix® weitere 3 Minuten/ Stufe 10 laufen. Öffne anschließend den Mixtopf und streife mit einem Silikonschaber die Ränder ab.

5. Messe die Temperatur des Fleisches mithilfe eines Kernfühlers, den du in die Fleischmasse steckst. Die Kerntemperatur sollte maximal 12°C betragen. Wenn du die Fleischmasse feiner haben möchtest, lass den Thermomix® für weitere 1–2 Minuten/ Stufe 10 laufen.

6. Das Brät sollte jetzt schön glänzen. Gib nach Belieben noch gehackte Petersilie dazu und mische sie 30 Sekunden/ Stufe 6 unter.

7. Zum Herstellen der Nockerl fügst du zu der Fleischmasse nun noch das Ei und etwas Semmelbrösel in den Mixtopf dazu. Vermische die Zutaten 30 Sekunden/ Linkslauf/ Stufe 4. Fülle die Masse nun in eine separate Schüssel um.

8. Fülle einen weiten Topf mit Wasser, gib eine Prise Salz dazu und erhitze das Wasser. Stelle 1 Glas mit kaltem Wasser und 2 EL bereit. Steche mithilfe der beiden EL Nockerl aus dem Teig ab, forme sie halbrund und gib die Nockerl in das heiße Wasser. Lass sie darin einige Minuten ziehen. Wenn die Nockerl oben schwimmen, sind sie fertig. Tauche zwischendurch die Löffel immer wieder in kaltes Wasser, um die Nockerl formen zu können.

4 Gläser und 1 Rolle

5 h 20 Min.

schwer

PFÄLZER SAUMAGEN

Zubereitungszeit: 20 Minuten
Ruhezeit: 5 Stunden
Utensilien: Löffelwaage, Gefrierbeutel und 4 Gläser à 230 ml, Kernfühler
Zutaten für 4 Gläser und 1 Rolle

Für die Einlage:

- 200 g Schweinefleisch, mager, in 3 x 3 cm Stücken eingefroren
- 200 g Rindfleisch, mager, in 3 x 3 cm Stücken eingefroren
- 200 g Kartoffeln, mehligkochend, geschält, in groben Stücken
- 100 g Möhren, geschält, in groben Stücken
- 14 g Nitritpökelsalz
- 2,1 g Phosphatpulver
- 2,1 g Vitamin C
- 2,1 g Vanillinzucker
- 1,4 g Pfeffer, weiß, gemahlen
- 2,1 g Majoran
- 2,1 g Thymian
- 1,4 g Muskat, gemahlen

Für das Brät:

- 500 g Schweinehackfleisch, gefroren
- 11,7 g Nitritpökelsalz
- 2 g Phosphatpulver
- 2 g Vitamin C
- 2 g Vanillinzucker
- 0,7 g Pfeffer, weiß, gemahlen
- 2 g Selleriesalz
- 1,3 g Piment, gemahlen
- 1,3 g Muskatblüte, gemahlen, z.B. von Fuchs
- 6,5 g Zwiebel, frisch
- 150 g Eiswürfel
- 1500 g Wasser

Profissimo
dm
Gefrierbeutel

Fortsetzung

PFÄLZER SAUMAGEN

1. Für die Einlage lässt du das Schweinefleisch und das Rindfleisch zunächst 2 Stunden im Kühlschrank antauen.

2. Schäle die Kartoffeln und die Möhren und schneide sie in grobe Stücke. Gib die Stücke in den Mixtopf und zerkleinere sie 1 Sekunde/ Stufe 6. Fülle die zerkleinerten Stücke in eine separate Schüssel um.

3. Nimm das angetaute Fleisch aus dem Kühlschrank und mache eine Schnittprobe. Wenn sich das Fleisch gut durchschneiden lässt, kann es im Mixtopf weiter verarbeitet werden. Ansonsten lass es ein wenig länger im Kühlschrank antauen.

4. Wiege für die Einlage Nitritpökelsalz, Phosphat, Vitamin C, Vanillinzucker, Pfeffer, Majoran, Thymian und Muskat z.B. mit einer Löffelwaage ab. Gib die Gewürze gemeinsam mit den aufgetauten Fleischstücken in den Mixtopf und vermenge die Zutaten 3 Sekunden/ Stufe 10.

5. Gib das Fleisch zu dem Gemüse in die Schüssel und vermenge die Masse mit den Händen. Decke die Schüssel mit Frischhaltefolie ab und lass die Fleischmischung bei Zimmertemperatur 1 Stunde umröten.

6. Für das Brät lässt du zunächst das Hackfleisch im Kühlschrank 2 Stunden antauen. Schneide es anschließend in 3 x 1 cm große Streifen. Wiege die Gewürze für das Brät, also Nitritpökelsalz, Phosphat, Vitamin C, Vanillinzucker, Pfeffer, Selleriesalz, Piment, Muskatblüte und Zwiebel z.B. mit einer Löffelwaage ab. Stelle die Gewürze beiseite und gib die Zwiebel direkt in den Mixtopf.

7. Gib die Eiswürfel in den Mixtopf dazu und zerkleinere beides 10 Sekunden/ Stufe 10. Schiebe den Eisschnee mit dem Spatel nach unten. Füge das geschnittene Hackfleisch hinzu und zerkleinere die Zutaten wiederum 20 Sekunden/ Stufe 10. Schiebe die Stücke wieder mit dem Spatel nach unten.

8. Nun gibst du noch die abgewogenen Gewürze dazu und vermengst die Zutaten 6 Sekunden/ Stufe 6. Stecke den Spatel durch die Deckelöffnung in den Mixtopf und lass den Thermomix® 4 Minuten/ Stufe 10 laufen.

9. Bewege den Spatel währenddessen immer wieder gegen die Mixrichtung. Nimm anschließend den Deckel vom Mixtopf ab und streife mit dem Spatel die Ränder ab. Das Brät sollte jetzt schön glänzen.

10. Gib das Brät in die Schüssel zu der Einlage und vermische die Zutaten mit den Händen zu einer gebundenen Masse. Fülle die Masse in einen kochfesten Gefrierbeutel und forme sie zu einer Rolle.

11. Reinige den Mixtopf und befülle ihn mit dem Wasser. Lege die geformte Rolle in den Varoma und setze den Varoma auf den Mixtopf. Gare das Fleisch nun 60 Minuten/ Varoma/ Sanftrührstufe. Am Ende der Garzeit sollte das Fleisch eine Kerntemperatur von 70°C haben, dann ist es gar. Die Temperatur misst du mit einem Kernfühler, den du in das dickste Ende des Fleisches steckst.

Rezeptvorschlag 1:
Wenn der Saumagen fertig gegart ist, halte ihn in einem Wasserbad warm. Schäle und halbiere eine Zwiebel im Mixtopf und zerkleinere sie 5 Sekunden/ Stufe 5. Dünste sie anschließend mit 20 g Öl 5 Minuten/ 120°C/ Stufe 1 an. Füge ein Päckchen Bratensauce nach Belieben, Flüssigkeit nach Packungsanweisung und 100 g küchenfertige Keschde (Esskastanien) dazu und lass die Sauce 5 Minuten/ 90°C/ Stufe 3 eindicken. Serviere den Saumagen mit Sauce, Sauerkraut und Salzkartoffeln.

Rezeptvorschlag 2:
Lass den Saumagen auskühlen und schneide ihn in 2 cm dicke Scheiben. Brate die Scheiben in einer Pfanne mit etwas Schweineschmalz an.
Serviere dazu frisches Brot.

Bei der Umrötung verfärbt sich der Muskelfarbstoff Myoglobin in rote Farbe durch eine chemische Reaktion mit Nitritpökelsalz und Vitamin C. Dadurch bleibt die rote Farbe im Fleisch beständig und es wird nicht grau.

BRÜHWURST MIT RIND, PUTE UND HÜHNCHEN

600 g

4 h 10 Min.

mittel

RAINERS RIND – WURST AUS REINEM RINDFLEISCH

Zubereitungszeit: 10 Minuten
Ruhezeit: 3 Stunden
Backzeit: ca. 60 Minuten, 150°C Ober-/ Unterhitze
Utensilien: Löffelwaage, Silikonschaber, Silikon- oder Aluform (23 x 8 x 6 cm bzw. 1 l) oder 4 Gläser à 230 ml
Zutaten für 600 g

- 400 g Rinderhackfleisch, gefroren
- 11,4 g Nitritpökelsalz
- 1,7 g Phosphatpulver
- 1,7 g Vitamin C
- 1,7 g Piment, gemahlen
- 1,7 g Kardamom, gemahlen
- 1,7 g Pfeffer, weiß, gemahlen
- 1,1 g Muskatblüte, gemahlen, z.B. von Fuchs
- 2,3 g Selleriesalz
- 2,3 g Rohrzucker
- 5,7 g Zwiebel, frisch
- 2,3 g Knoblauch, frisch
- 130 g Eiswürfel
- 40 g Rapsöl

1. Lass das Hackfleisch zunächst 2 Stunden im Kühlschrank antauen, anschließend sollte es schnittfest sein. Schneide das angetaute Hackfleisch in 3 x 1 cm große Streifen und gib diese in den Mixtopf.

2. Wiege Nitritpökelsalz, Phosphat, Vitamin C, Piment, Kardamom, Pfeffer, Muskatblüte, Selleriesalz, Rohrzucker, Zwiebel und Knoblauch z.B. mit einer Löffelwaage ab. Gib Zwiebel und Knoblauch in den Mixtopf und stelle die restlichen Gewürze zur Seite.

3. Gib die Hackfleischstreifen in den Mixtopf dazu und zerkleinere die Zutaten 20 Sekunden/ Stufe 10. Schiebe die Stücke anschließend mit dem Spatel nach unten. Füge die Eiswürfel hinzu und zerkleinere die Mischung 10 Sekunden/ Stufe 10. Schiebe mit dem Spatel wiederum auch den Eisschnee nach unten.

4. Füge die abgewogenen Gewürze und das Öl hinzu und vermische die Zutaten 5 Sekunden/ Stufe 6. Stecke den Spatel durch die Deckelöffnung in den Mixtopf ein und lass den Thermomix® 3 Minuten/ Stufe 6 laufen. Bewege währenddessen den Spatel immer wieder hin und her. Öffne nach der Zeit den Mixtopf und streife die Ränder mit einem Silikonschaber ab. Das Brät sollte jetzt schön glänzen.

5. Fülle die Masse in eine Silikon- oder Aluform ab und decke die Form mit Frischhaltefolie ab. Lass das Fleisch in der Form anschließend 1 Stunde im kalten Ofen umröten.

mixtipp

Wenn du keinen Kernfühler hast, lass das Fleisch nach der angegebenen Backzeit noch 30 Minuten im Ofen ruhen, dann ist es auf jeden Fall gar.

6. Backe die Masse nach der Zeit ca. 60 Minuten/ 150°C Ober-/ Unterhitze goldbraun. Sollte das Fleisch zu dunkel werden, reduziere die Ofentemperatur auf 100°C Ober-/ Unterhitze. Die Kerntemperatur sollte am Ende der Backzeit 70°C betragen, dann ist das Fleisch gar. Die Temperatur misst du mit einem Kernfühler, den du in das dickste Ende des Fleisches steckst.

Bei der Umrötung verfärbt sich der Muskelfarbstoff Myoglobin in rote Farbe durch eine chemische Reaktion mit Nitritpökelsalz und Vitamin C. Dadurch bleibt die rote Farbe im Fleisch beständig und es wird nicht grau.

mixtipp

Alternativ kannst du das Fleisch in Schritt 5 auch in Gläser abfüllen und diese einkochen. Wie du das machst, siehst du auf Seite 14.

1100 g

4 h 35 Min.

schwer

RINDERBIERSCHINKEN

Zubereitungszeit: 20 Minuten
Ruhezeit: 3 Stunden
Backzeit: ca. 75 Minuten, 150°C Ober-/ Unterhitze
Utensilien: Löffelwaage, Silikonschaber, Silikon- oder Aluform (23 x 8 x 6 cm bzw. 1 l) oder 5 Gläser à 230 ml
Zutaten für 1100 g

Für das Brät:

- 400 g Schweinehackfleisch, gefroren
- 9 g Nitritpökelsalz
- 1,5 g Phosphatpulver
- 1,5 g Vitamin C
- 1 g Pfeffer, weiß, gemahlen
- 1,5 g Muskatblüte, gemahlen, z.B. von Fuchs
- 1,5 g Ingwer, gemahlen
- 2 g Rohrzucker
- 2 g Selleriesalz
- 1 g Knoblauch, frisch
- 5 g Zwiebel, frisch
- 100 g Eiswürfel
- grüner Pfeffer, optional, nach Belieben

Für die Einlage:

- 9 g Nitritpökelsalz
- 1,5 g Phosphatpulver
- 1,5 g Vitamin C
- 2 g Piment, gemahlen
- 1,5 g Selleriesalz
- 500 g Rindfleisch, mager, aus der Keule, z.B. Rindergeschnetzeltes oder Gulaschfleisch, frisch, in kleinen Würfeln

Bei der Umrötung verfärbt sich der Muskelfarbstoff Myoglobin in rote Farbe durch eine chemische Reaktion mit Nitritpökelsalz und Vitamin C. Dadurch bleibt die rote Farbe im Fleisch beständig und es wird nicht grau.

Fortsetzung

RINDERBIERSCHINKEN

1. Lass das Hackfleisch für das Brät zunächst 2 Stunden im Kühlschrank antauen. In der Zwischenzeit bereitest du die Einlage zu. Dafür wiegst du Nitritpökelsalz, Phosphatpulver, Vitamin C, Piment und Selleriesalz z.B. mit einer Löffelwaage ab.

2. Schneide das Rindfleisch in Würfel und gib diese gemeinsam mit den abgewogenen Gewürzen in den Mixtopf. Vermische die Zutaten 2 Minuten/ Linkslauf/ Stufe 3. Fülle das Fleisch in eine separate Schüssel um. Spüle den Mixtopf nicht aus, das Resteiweiß und der Geschmack werden für das Brät weiter verwendet. Lass das Fleisch abgedeckt 1 Stunde umröten.

3. Schneide das angetaute Hackfleisch für das Brät in 3 x 1 cm große Streifen. Wiege Nitritpökelsalz, Phosphat, Vitamin C, Pfeffer, Muskatblüte, Ingwer, Rohrzucker, Selleriesalz und Knoblauch mit einer Löffelwaage ab. Gib den Knoblauch gemeinsam mit der Zwiebel und den Eiswürfeln in den Mixtopf und stelle die anderen Gewürze zur Seite.

4. Vermische die Zutaten im Mixtopf 6 Sekunden/ Stufe 10. Schiebe mit dem Spatel den Eisschnee nach unten und gib das in Streifen geschnittene Hackfleisch dazu. Zerkleinere die Masse 20 Sekunden/ Stufe 10 und schiebe die Reste mit dem Spatel nach unten.

5. Füge jetzt noch die beiseite gestellten Gewürze dazu und mische sie 10 Sekunden/ Stufe 6 unter. Stecke den Spatel durch die Deckelöffnung in den Mixtopf und lass den Thermomix® 3 Minuten/ Stufe 10 laufen. Bewege den Spatel dabei immer wieder hin und her.

6. Nimm anschließend den Deckel vom Mixtopf und streife mit einem Silikonschaber die Ränder ab. Das Brät sollte jetzt schön glänzen. Vermische die Zutaten für weitere 30 Sekunden/ Stufe 6.

7. Gib das Brät in die Rührschüssel zu dem umgeröteten Rindfleisch und verknete die Zutaten mit den Händen zu einer gebundenen Masse. Nach Belieben kannst du noch etwas grünen Pfeffer unterrühren.

8. Fülle die fertige Masse in eine Silikon- oder Aluform um. Schlage dabei die Masse mit der Handkante gut in die Form ein. So entweichen Luftlöcher und beim Anschneiden erscheint ein schönes Schnittbild.

9. Gib die Form in den Ofen und backe den Rinderbierschinken ca. 75 Minuten/ 150°C Ober-/ Unterhitze bis zur gewünschten Bräune. Sollte das Fleisch zu dunkel werden, reduziere die Ofentemperatur auf 100°C Ober-/ Unterhitze. Die Kerntemperatur des Fleisches sollte am Ende der Backzeit 70°C betragen, dann ist es gar. Die Kerntemperatur misst du mit Hilfe eines Kernfühlers, den du in das dickste Ende des Fleisches steckst.

600 g

15 h 20 Min.

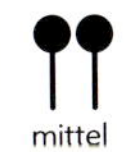
mittel

PUTENFLEISCHKÄSE

Zubereitungszeit: 20 Minuten
Ruhezeit: 14 Stunden
Backzeit: ca. 60 Minuten, 150°C Ober-/ Unterhitze
Utensilien: Löffelwaage, Kernfühler, Silikon- oder Aluform (23 x 8 x 6 cm bzw. 1 l)
Zutaten für 600 g

400 g Putenbrust, Putengeschnetzeltes oder Putenschnitzel, gefroren
12,4 g Pökelsalz
1,9 g Phosphatpulver
1,9 g Vitamin C
1,9 g Muskatblüte, gemahlen, z.B. von Fuchs
1,2 g Piment
3,7 g Zitronenschale, gerieben, mit Dextrose, z.B. von Dr. Oetker
2,5 g Rohrzucker
1,2 g Knoblauch, frisch
6,2 g Zwiebel, frisch
160 g Eiswürfel
60 g Sonnenblumenöl

1. Lass das Putenfleisch deiner Wahl im Kühlschrank 2 Stunden antauen. Schneide das angetaute Fleisch in 3 x 1 cm große Streifen und gib die Streifen in den Mixtopf. Wiege Pökelsalz, Phosphat, Vitamin C, Muskatblüte, Piment, Zitronenschale, Rohrzucker, Knoblauch und Zwiebel z.B. mit einer Löffelwaage ab. Gib Knoblauch und Zwiebel in den Mixtopf und stelle die restlichen Gewürze beiseite.

2. Zerkleinere die Mischung im Mixtopf 20 Sekunden/ Stufe 10 und schiebe die Stücke anschließend mit dem Spatel nach unten. Füge die Eiswürfel hinzu und zerkleinere die Zutaten weitere 10 Sekunden/ Stufe 10. Schiebe die Masse wieder mit dem Spatel nach unten. Die Masse sollte jetzt staubfein aussehen.

3. Füge das Öl und die abgewogenen Gewürze dazu und vermische die Masse nochmals 6 Sekunden/ Stufe 6. Dann vermische die Zutaten für weitere 5 Minuten/ Stufe 10. Die Temperatur der Brätmasse darf maximal 12°C betragen. Messe die Temperatur mithilfe eines Kernfühlers, den du in die Masse steckst.

4. Wenn das Fleisch die Temperatur noch nicht erreicht hat, verrühre es noch etwas auf Stufe 10 weiter, damit das Brät noch feiner wird.

5. Fülle das Brät in eine Silikon- oder Aluform um und decke die Form mit Frischhaltefolie ab. Lass das Fleisch in der Form über Nacht im Kühlschrank umröten.

Fortsetzung

PUTENFLEISCHKÄSE

6. Backe anschließend den Fleischkäse ca. 60 Minuten/ 150°C Ober-/ Unterhitze bis zur gewünschten Bräune. Sollte das Fleisch zu dunkel werden, reduziere die Ofentemperatur auf 100°C Ober-/ Unterhitze. Die Kerntemperatur des Fleisches sollte am Ende 70°C betragen, dann ist das Fleisch gar. Die Kerntemperatur misst du wiederum mithilfe des Kernfühlers.

Bei der Umrötung verfärbt sich der Muskelfarbstoff Myoglobin in rote Farbe durch eine chemische Reaktion mit Nitritpökelsalz und Vitamin C. Dadurch bleibt die rote Farbe im Fleisch beständig und es wird nicht grau.

mixtipp

Der Putenfleischkäse schmeckt ausgekühlt und dünn aufgeschnitten auf einer Scheibe Brot hervorragend. In dieser Variante ist sein Genuss ein kalorien- und cholesterinbewusstes Vergnügen.

2 Gläser

13 h 40 Min

leicht

PAPRIKA-PUTE

Zubereitungszeit:
1 Stunde 40 Minuten
Ruhezeit: 12 Stunden
Utensilien: Löffelwaage,
2 Gläser à 230 ml
Zutaten für 2 Gläser

400 g Putenbrust, frisch
1520 g Wasser
8,4 g Nitritpökelsalz
1,3 g Phosphatpulver
0,8 g Vitamin C
1,7 g Zitronenschale, gerieben, mit Dextrose, z.B. von Dr. Oetker
1,7 g Rohrzucker
0,8 g Paprika, edelsüß
1,3 g Pfeffer, bunt oder Würzpfeffer, z.B. von Gefro

1. Schneide das Fleisch als Erstes in grobe Stücke und gib es in den Mixtopf. Wiege 20 g Wasser, Nitritpökelsalz, Phosphat, Vitamin C, Zitronenschale, Rohrzucker, Paprika und Pfeffer z.B. mit einer Löffelwaage ab und gib auch die Gewürze in den Mixtopf. Poltere die Mischung 3 Minuten/ Linkslauf/ Stufe 3.

2. Fülle die Mischung mit einem Löffel in 2 Gläser bis 1 cm unter den Rand ab und bedecke die Gläser mit Frischhaltefolie. Lass das Fleisch in den Gläsern über Nacht im Kühlschrank umröten.

3. Nimm die Gläser am nächsten Tag aus dem Kühlschrank und koche sie im Varoma ein. Dafür verschließt du die Gläser mit nassen Deckeln und verteilst sie im Varoma. Befülle den Mixtopf mit 1500 g Wasser und setze den Varoma auf den Mixtopf. Koche die Gläser nun 90 Minuten/ Varoma/ Sanftrührstufe ein.

4. Nimm nach der Zeit den Deckel vom Varoma ab und lass die Gläser im Varoma auskühlen. Die Deckel der abgekühlten Gläser sollten eingezogen sein. Bewahre die Gläser ungeöffnet im Kühlschrank maximal 12 Wochen auf.

Beim Poltern wird das Fleisch langsam und stumpf bewegt. Die Struktur des Fleisches wird dadurch feiner und durch das austretende Eiweiß entsteht eine Masse, die besser bindet.
Bei der Umrötung verfärbt sich der Muskelfarbstoff Myoglobin in rote Farbe durch eine chemische Reaktion mit Nitritpökelsalz und Vitamin C. Dadurch bleibt die rote Farbe im Fleisch beständig und es wird nicht grau.

930 g

3 h 25 Min.

mittel

PUTE GÄRTNERIN

Zubereitungszeit: 25 Minuten
Ruhezeit: 2 Stunden
Backzeit: ca. 60 Minuten, 150°C Ober-/ Unterhitze
Utensilien: Löffelwaage, Silikonschaber, Silikon- oder Aluform (23 x 8 x 6 cm bzw. 1 l) oder 4 Gläser à 230 ml
Zutaten für 930 g

- 500 g Putenbrustfleisch, ohne Haut, gefroren
- 15,6 g Kochsalz
- 2,3 g Phosphatpulver
- 1,6 g Muskatblüte, gemahlen, z.B. von Fuchs
- 6,2 g Zitronenschale, gerieben, mit Dextrose, z.B. von Dr. Oetker
- 1,6 g Pfeffer, weiß, gemahlen
- 3,1 g Selleriesalz
- 3,1 g Vanillinzucker
- 7,8 g Zwiebel, frisch
- 0,8 g Knoblauch, frisch
- 50 g Sellerie, geputzt, in groben Stücken
- 50 g Möhre, geschält, in groben Stücken
- 50 g Lauch, geputzt, in groben Stücken
- Petersilie, nach Belieben
- 180 g Eiswürfel
- 100 g Rapsöl

1. Lass die Putenbrust zunächst für 2 Stunden im Kühlschrank auftauen. Nach dieser Zeit sollte sie schnittfest sein und du kannst sie in 3 x 3 cm große Stücke schneiden. Wiege Kochsalz, Phosphatpulver, Muskatblüte, Zitronenschale, Pfeffer, Selleriesalz, Vanillinzucker, Zwiebel und Knoblauch z.B. mit einer Löffelwaage ab.

2. Putze und schäle Sellerie, Möhre und Lauch, schneide das Gemüse in grobe Stücke und wasche die Petersilie. Gib die Gemüsestücke gemeinsam mit der Petersilie in den Mixtopf und zerkleinere die Zutaten 2 Sekunden/ Stufe 6. Fülle das Gemüse dann in eine separate Schüssel um.

3. Gib Knoblauch, Zwiebel und die Fleischstücke in den Mixtopf und stelle die restlichen Gewürze zur Seite. Zerkleinere die Zutaten 15 Sekunden/ Stufe 10. Schiebe die Stücke mit dem Spatel nach unten und füge die Eiswürfel hinzu. Vermenge die Zutaten weitere 10 Sekunden/ Stufe 10.

4. Schiebe die Stücke wieder mit dem Spatel nach unten und füge die restlichen abgewogenen Gewürze und das Öl hinzu. Vermenge die Masse 6 Sekunden/ Stufe 6.

5. Stecke den Spatel durch die Deckelöffnung in den Mixtopf und lass den Thermomix® 4 Minuten/ Stufe 10 laufen. Bewege den Spatel währenddessen immer ein wenig hin und her. Öffne anschließend den Mixtopf und streife die Ränder mit einem Silikonschaber ab. Das Brät sollte jetzt schön glänzen.

6. Gib das vorbereitete Gemüse in den Mixtopf dazu und vermenge die Mischung 30 Sekunden/ Stufe 4. Fülle die Masse in eine Silikon- oder Aluform ab und backe das Fleisch ca. 60 Minuten/ 150°C Ober-/ Unterhitze goldbraun. Sollte das Fleisch zu dunkel werden, reduziere die Ofentemperatur auf 100°C Ober-/ Unterhitze. Am Ende der Backzeit sollte die Kerntemperatur des Fleisches 70°C betragen, dann ist das Fleisch gar. Die Temperatur misst du mithilfe eines Kernfühlers, den du in die dickste Stelle des Fleisches steckst.

mixtipp

Du kannst das Fleisch auch in Schritt 5 anstelle es zu backen in Gläser abfüllen und im Varoma einkochen. Wie du das machst, siehst du auf Seite 14.

850 g

3 h 10 Min.

mittel

HÜHNCHENFLEISCHKÄSE CHILI UND PAPRIKA

Zubereitungszeit: 10 Minuten
Ruhezeit: 2 Stunden
Backzeit: ca. 60 Minuten, 150°C Ober-/ Unterhitze
Utensilien: Löffelwaage, Silikonschaber, Silikon- oder Aluform (23 x 8 x 6 cm bzw. 1 l) oder 4 Gläser à 230 ml, Kernfühler
Zutaten für 850 g

- 600 g Hühnerbrustfleisch, ohne Haut, gefroren
- 16,8 Kochsalz mit Jod
- 2,5 g Phosphatpulver
- 1,7 g Pfeffer, weiß, gemahlen
- 1,7 g Muskatblüte, gemahlen, z.B. von Fuchs
- 5 g Zitronenschale, gerieben, mit Dextrose, z.B. von Dr. Oetker
- 2,8 g Vanillezucker
- 3,4 g Selleriesalz
- 4,2 g Chiliflocken oder Paprikaflocken, nach Belieben, getrocknet
- 8,4 g Zwiebeln, frisch
- 150 g Eiswürfel
- 90 g Sonnenblumenöl

1. Lass das Hühnerbrustfleisch im Kühlschrank zunächst 2 Stunden antauen. Wiege Kochsalz, Phosphat, Pfeffer, Muskatblüte, Zitronenschale, Vanillezucker, Selleriesalz, Chiliflocken und Zwiebel z.B. mit einer Löffelwaage ab und stelle die Gewürze und die Zwiebel separat zur Seite.

2. Schneide das angetaute Fleisch anschließend in 3 x 3 cm große Stücke und gib die Fleischstücke gemeinsam mit der Zwiebel in den Mixtopf. Zerkleinere beide Zutaten 15 Sekunden/ Stufe 10 und schiebe die Reste mit dem Spatel nach unten.

3. Gib die Eiswürfel dazu und vermenge die Masse nochmals 10 Sekunden/ Stufe 10. Schiebe die Reste wieder mit dem Spatel nach unten und gib das Öl und die Gewürze hinzu. Vermenge die Zutaten 10 Sekunden/ Stufe 6.

4. Gib nun den Spatel durch die Deckelöffnung in den Mixtopf und schalte den Thermomix® auf 3 Minuten/ Stufe 7. Bewege währenddessen den Spatel ein wenig hin und her, damit sich die Zutaten gut vermischen.

5. Nimm anschließend den Deckel vom Mixtopf und streife die Ränder mit einem Silikonschaber ab. Das Brät sollte jetzt schön glänzen. Füge nun noch die Chili- oder Paprikaflocken hinzu und vermenge sie 15 Sekunden/ Linkslauf/ Stufe 6 mit der restlichen Masse.

6. Fülle den Hühnchenfleischkäse in eine Silikon- oder Aluform und backe es im Ofen ca. 60 Minuten/ 150°C Ober-/ Unterhitze bis zur gewünschten Bräune. Wenn das Fleisch zu dunkel wird, reduziere die Ofentemperatur auf 100°C Ober-/ Unterhitze.

Die Kerntemperatur des Fleisches muss am Ende der Backzeit 70°C betragen, dann ist das Fleisch fertig. Die Temperatur misst du, indem du einen Kernfühler in die dickste Stelle des Fleisches steckst.

Du kannst den Fleischkäse in Schritt 6, statt ihn in den Backofen zu schieben, auch in saubere Gläser abfüllen und einkochen. Wie du das genau machst, siehst du auf Seite 14.

mixtipp

Wenn du keinen Kernfühler hast, lass das Fleisch nach der angegebenen Backzeit noch 30 Minuten im Ofen ruhen, dann ist es auf jeden Fall gar.

640 g

3 h 10 Min.

mittel

HÜHNCHEN „PETERLE"

Zubereitungszeit: 10 Minuten
Ruhezeit: 2 Stunden
Backzeit: ca. 60 Minuten, 150°C Ober-/ Unterhitze
Utensilien: Löffelwaage, Silikonschaber, Silikon- oder Aluform (23 x 8 x 6 cm bzw. 1 l) oder 3 Gläser à 230 ml, Kernfühler
Zutaten für 640 g

- 400 g Hühnerbrustfleisch, ohne Haut, gefroren
- 12,6 g Kochsalz mit Jod
- 1,9 g Phosphatpulver
- 1,9 g Muskatblüte, gemahlen, z.B. von Fuchs
- 3,8 g Zitronenschale, gerieben, mit Dextrose, z.B. von Dr. Oetker
- 1,9 g Vanillezucker
- 2,5 g Selleriesalz
- 0,6 g Pfeffer, weiß, gemahlen
- 6,3 g Zwiebel, frisch
- 150 g Eiswürfel
- 80 g Sonnenblumenöl
- Petersilie, frisch oder gefroren, nach Belieben

1. Gib das Hühnerbrustfleisch in den Kühlschrank und lass es 2 Stunden antauen. Schneide es anschließend in 3 x 3 cm große Stücke. Wiege Kochsalz, Phosphat, Muskatblüte, Zitronenschale, Vanillezucker, Selleriesalz, Pfeffer und Zwiebel z.B. mit einer Löffelwaage ab und stelle die Gewürze separat zur Seite.

2. Gib das kleingeschnittene Hühnerbrustfleisch und die Zwiebel in den Mixtopf und zerkleinere beides 15 Sekunden/ Stufe 10. Schiebe die Reste mit dem Spatel nach unten und füge die Eiswürfel in den Mixtopf hinzu. Zerkleinere die Zutaten weitere 10 Sekunden/ Stufe 10. Schiebe die Reste wieder mit dem Spatel nach unten.

3. Füge die beiseite gestellten Gewürze und das Öl hinzu und mische beides 10 Sekunden/ Stufe 6 unter. Gib den Spatel durch die Deckelöffnung in den Mixtopf und lass den Thermomix® für 3 Minuten/ Stufe 7 laufen. Währenddessen bewegst du den Spatel hin und her, damit sich die Zutaten gut vermischen. Nimm anschließend den Deckel vom Mixtopf ab und streife die Ränder mit einem Silikonschaber ab. Das Brät sollte jetzt schön glänzen.

4. Füge die Petersilie hinzu und vermische sie 15 Sekunden/ Linkslauf/ Stufe 6 mit dem Fleisch. Fülle die Masse anschließend in eine Silikon- oder Aluform. Backe das Hühnchen nun ca. 60 Minuten/ 150°C Ober-/ Unterhitze im Ofen goldbraun. Sollte das Hühnchen zu dunkel werden, reduziere die Ofentemperatur auf 100°C Ober-/ Unterhitze. Die Kerntemperatur des Fleisches muss am Ende der Backzeit 70°C betragen, dann ist das Hühnchen fertig. Die Temperatur misst du mithilfe eines Kernfühlers, den du in das dickste Stück des Fleisches steckst.

mixtipp

Anstelle das Fleisch zu backen, kannst du es auch in Gläser füllen und im Varoma einkochen. Wie du das machst, siehst du auf Seite 14.

600 g

2 h 40 Min.

leicht

ZITRONENHÜHNCHEN-SCHINKEN

Zubereitungszeit:
1 Stunde 40 Minuten
Ruhezeit: 60 Minuten
Utensilien: Löffelwaage, 4 Gläser à 230 ml
Zutaten für 600 g

600 g Hühnerbrustfleisch, ohne Haut, frisch
11,3 g Nitritpökelsalz
1,9 g Phosphatpulver
1,3 g Vitamin C
3,2 g Zitronenschale, gerieben, mit Dextrose, z.B. von Dr. Oetker
1,3 g Pfeffer, weiß, gemahlen
1530 g Wasser

1. Schneide als Erstes das Fleisch in grobe Stücke und wiege Nitritpökelsalz, Phosphat, Vitamin C, Zitronenschale und Pfeffer z.B. mit einer Löffelwaage ab.

2. Gib das Fleisch mit 30 g Wasser und den abgewogenen Gewürzen in den Mixtopf und poltere die Mischung 3 Minuten/ Linkslauf/ Stufe 3. Lass die Masse abgedeckt 60 Minuten im Mixtopf ziehen.

3. Vermische das Hühnchen anschließend nochmals 30 Sekunden/ Linkslauf/ Stufe 6 und drücke das Fleisch dann mit einem Esslöffel, möglichst ohne viel Luft rein zu lassen, in saubere Gläser. Lass 1 cm unter dem Rand dabei frei.

4. Verschließe die Gläser mit nassen Deckeln und verteile sie im Varoma. Befülle den Mixtopf mit 1500 g Wasser und setze den Varoma auf den Mixtopf drauf. Gare die Gläser nun 90 Minuten/ Varoma/ Sanftrührstufe.

5. Nimm anschließend den Deckel vom Varoma ab und lass die Gläser auskühlen. Wenn die Gläser kalt sind, sollten die Deckel eingezogen sein. Nach dem Abkühlen kannst du die Gläser maximal 12 Wochen ungeöffnet im Kühlschrank aufbewahren.

Beim Poltern wird das Fleisch langsam und stumpf bewegt. Die Struktur des Fleisches wird dadurch feiner und durch das austretende Eiweiß entsteht eine Masse, die besser bindet.

970 g

3 h 15 Min.

mittel

GÄRTNERS HÜHNCHEN

Zubereitungszeit: 15 Minuten
Ruhezeit: 2 Stunden
Backzeit: ca. 60 Minuten, 150°C Ober-/ Unterhitze
Utensilien: Löffelwaage, Silikonschaber, Silikon- oder Aluform (23 x 8 x 6 cm bzw. 1l) oder 5 Gläser à 230 ml, Kernfühler
Zutaten für 970 g

- 600 g Hühnerbrustfleisch, ohne Haut, gefroren
- 19,4 g Kochsalz mit Jod
- 2,9 g Phosphatpulver
- 2,9 g Muskatblüte, gemahlen, z.B. von Fuchs
- 5,8 g Zitronenschale, gerieben, mit Dextrose, z.B. von Dr. Oetker
- 2,9 g Vanillezucker
- 3,9 g Selleriesalz
- 1 g Pfeffer, weiß, gemahlen
- 9,7 g Zwiebel, frisch
- 250 g Eiswürfel
- 120 g Rapsöl
- 20 g trockenes Suppengrün aus dem Glas

1. Lass das Hähnchenbrustfleisch zunächst 2 Stunden im Kühlschrank antauen. Danach sollte es schnittfest sein. Schneide das Fleisch nun in 3 x 3 cm große Stücke. Wiege Kochsalz, Phosphat, Muskatblüte, Zitronenschale, Vanillezucker, Selleriesalz, Pfeffer und Zwiebel z.B. mit einer Löffelwaage ab. Stelle die Gewürze zur Seite und gib die Zwiebel direkt in den Mixtopf.

2. Gib das Hähnchenfleisch zu der Zwiebel in den Mixtopf und zerkleinere beides 15 Sekunden/ Stufe 10. Schiebe die Stücke anschließend mit dem Spatel nach unten und gib die Eiswürfel hinzu. Zerkleinere die Zutaten weitere 10 Sekunden/ Stufe 10.

3. Schiebe die Masse wiederum mit dem Spatel nach unten und füge die Gewürze und das Öl hinzu. Mische die Zutaten 10 Sekunden/ Stufe 6. Stecke den Spatel durch die Deckelöffnung in den Mixtopf ein und lass den Thermomix® 3 Minuten/ Stufe 6 laufen. Bewege den Spatel dabei immer ein wenig hin und her.

4. Nimm anschließend den Deckel vom Mixtopf ab und streife die Ränder mit einem Silikonschaber ab. Das Brät sollte jetzt schön glänzen. Gib das getrocknete Suppengrün in den Mixtopf dazu und mische es 15 Sekunden/ Linkslauf/ Stufe 6 unter.

5. Fülle das Fleisch in eine Silikon- oder Aluform ab und backe es im Ofen ca. 60 Minuten/ 150°C Ober-/ Unterhitze bis zur gewünschten Bräune. Wenn das Fleisch zu dunkel wird, reduziere die Ofentemperatur auf 100°C Ober-/ Unterhitze. Die Kerntemperatur muss am Ende des Backvorgangs 70°C betragen, dann ist das Fleisch fertig. Die Temperatur misst du mit einem Kernfühler, den du in das dickste Ende des Fleisches steckst.

mixtipp

Du kannst das Hühnchen unter Punkt 5 auch in Gläser abfüllen und im Varoma einkochen. Wie du das genau machst, siehst du auf Seite 14.

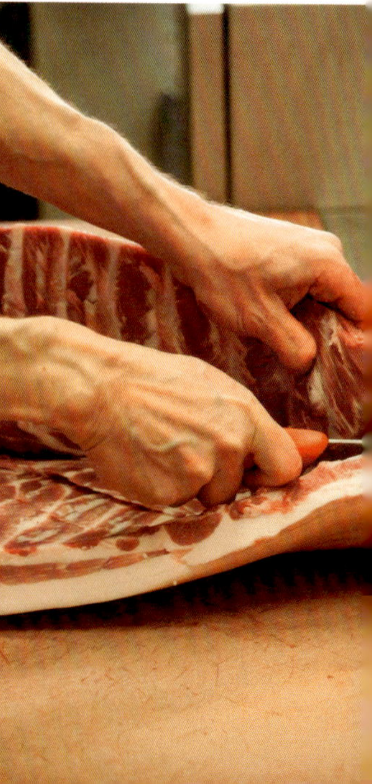

KOCHWURST

4 Gläser

17 h 30 Min.

mittel

ANSBACHER KÜMMELGLAS

Zubereitungszeit: 3 ½ Stunden
Ruhezeit: ca. 14 Stunden
Utensilien: Löffelwaage, 4 Gläser à 230 ml
Zutaten für 4 Gläser

- 5000 g Wasser
- 120 g Nitritpökelsalz
- 20 g Rohrzucker
- 2 Knoblauchzehen, gepresst
- 200 g Schweineschwarte ohne Fett, roh
- 1000 g (Frischgewicht) Schweineschinkenfleisch oder Schweinelachs, roh, mager, ergibt gekocht 500 g
- 22 g Zwiebel, halbiert
- 0,9 g Pfeffer, weiß, gemahlen
- 1,8 g, Kümmel, gemahlen
- 1,3 g Ingwer, gemahlen
- 0,9 g Muskatblüte, gemahlen, z.B. von Fuchs
- 0,9 g Koriander, gemahlen
- 2,6 g Vanillinzucker
- 240 g Kesselbrühe

1. Befülle den Mixtopf mit 1500 g Wasser. Gib das Nitritpökelsalz, den Rohrzucker und den gepressten Knoblauch dazu und erwärme die Flüssigkeit 10 Minuten/ 60°C/ Stufe 1. Während die Flüssigkeit erhitzt, schneidest du die Schweineschwarte und das Schweineschinkenfleisch oder den Schweinelachs in 2 x 2 cm große Stücke.

2. Wenn das Wasser 60°C erreicht hat, legst du das Fleisch in den Mixtopf, deckst den Mixtopf mit dem Deckel ab und lässt die Flüssigkeit gemeinsam mit dem Fleisch abkühlen, ohne den Thermomix® nochmals einzustellen. Lagere das Fleisch mit der Flüssigkeit im Mixtopf über Nacht kühl.

3. Siebe am nächsten Tag mithilfe des Varomas das gesamte Fleisch ab und lass das Fleisch anschließend im Varoma liegen. Fülle den Mixtopf mit 2000 g Wasser auf, verschließe den Varoma und setze ihn auf den Mixtopf. Gare das Fleisch 90 Minuten/ Varoma/ Sanftrührstufe.

4. Nimm den Varoma anschließend vom Mixtopf ab. Siebe die Flüssigkeit aus dem Mixtopf durch ein Sieb in eine Schüssel ab. Wiege Zwiebel, Pfeffer, Kümmel, Ingwer, Muskatblüte, Koriander und Vanillinzucker z.B. mit einer Löffelwaage ab und stelle die Zwiebel und die abgewogenen Gewürze separat beiseite.

5. Gib die Schweineschwarte aus dem Varoma gemeinsam mit der Zwiebel in den Mixtopf und zerkleinere beides 30 Sekunden/ Stufe 7. Schiebe die Masse mit dem Spatel nach unten, gib 240 g der aufgefangenen Flüssigkeit (Kesselbrühe) und die beiseite gestellten Gewürze hinzu. Vermische die Zutaten 10 Sekunden/ Stufe 5.

6. Schmecke den Schwartenstand nach Belieben ab. Die Schweineschwarte nimmt in der Regel beim Einlegen über Nacht viel Salz auf, sodass du vorsichtig beim Würzen sein solltest.

7. Verteile anschließend das beiseite gestellte gewürfelte Fleisch zu zwei Dritteln in die sauberen Gläser und gieße die Schwartenflüssigkeit aus dem Mixtopf jeweils über das Fleisch. Lege dafür das Fleisch nur lose ein. Mache die Gläser mit der Flüssigkeit nur bis 1 cm unter den Glasrand voll. Nun vermische mit einem kleinen Löffel das Fleisch mit der Flüssigkeit.

8. Säubere sowohl den Varoma als auch den Mixtopf. Verschließe die Gläser mit nassen Deckeln, verteile sie im sauberen Varoma und gieße 1500 g Wasser in den Mixtopf. Stelle den verschlossenen Varoma auf den Mixtopf und gare das Fleisch 90 Minuten/ Varoma/ Sanftrührstufe.

9. Anschließend nimmst du den Varomadeckel ab und lässt die Gläser auskühlen. Wenn die Gläser abgekühlt sind, sollten die Glasdeckel eingezogen sein.
Im Kühlschrank kannst du die Kümmelgläser ungeöffnet maximal 12 Wochen aufbewahren.

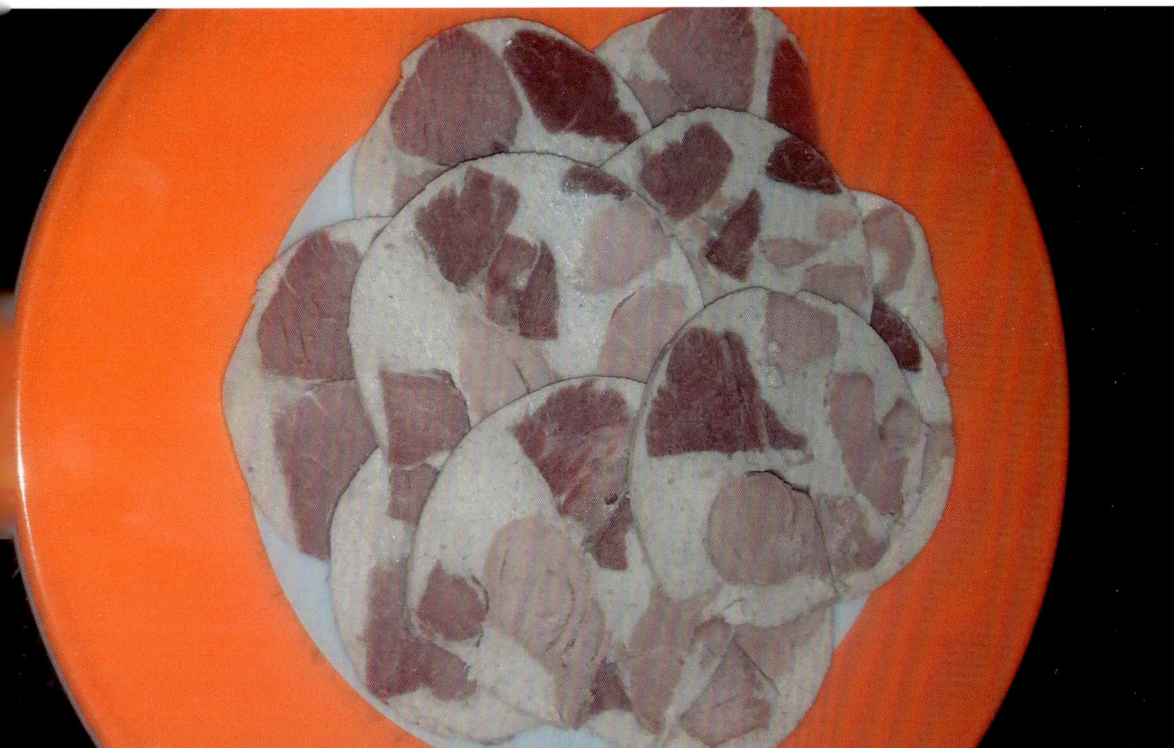

4 Gläser

16 h
15–40 Min.

schwer

LEBERROLLE

Zubereitungszeit:
3 Stunden 15 Minuten –
3 Stunden 40 Minuten
Ruhezeit: ca. 13 Stunden
Utensilien: Löffelwaage,
4 Gläser à 230 ml, alternativ:
Wurstspritze, Kochwurstdärme
Zutaten für 4 Gläser

5000–6000 g Wasser
114,4 g Nitritpökelsalz
13,2 g Vitamin C
600 g (Frischgewicht) Schweinebauch, durchwachsen, mit Schwarte, gepökelt, ergibt gekocht 300 g
1,6 g Pfeffer, weiß, gemahlen
3,2 g Majoran
1,6 g Ingwer, gemahlen
2,4 g Muskat, gemahlen
1,6 g Piment, gemahlen
0,8 g Rosmarin
0,8 g Basilikum
0,8 g Thymian
3,2 g Selleriesalz
40 g Zwiebel, halbiert
30 g neutrales Öl
200 g Schweineleber, roh
300 g Hackfleisch, gemischt

1. Gib zunächst 1500 g Wasser, 100 g Nitritpökelsalz und 10 g Vitamin C in den Mixtopf. Erwärme die Mischung 5 Minuten/ 50°C/ Sanftrührstufe. Schneide den Schweinebauch mit Schwarte in 3 x 3 cm große Stücke und gib diese zu der Flüssigkeit in den Mixtopf. Stelle sicher, dass das ganze Fleisch mit Flüssigkeit bedeckt ist.

2. Decke den Mixtopf mit dem Mixtopfdeckel ab und lass das Fleisch mit der Flüssigkeit abkühlen. Fülle die Mischung anschließend in ein Gefäß um und stelle sie über Nacht abgedeckt kalt.

3. Am nächsten Tag setzt du den Varoma auf den Mixtopf und siebst das Fleisch mit der Flüssigkeit durch den Varoma ab. Fülle den Mixtopf bis zur 2 Liter-Marke mit Wasser auf und setze den Varoma mit dem Fleisch wieder auf den Mixtopf. Gare das Fleisch nun 90 Minuten/ Varoma/ Sanftrührstufe. Das Fleisch sollte nach 90 Minuten weich sein. Wenn dem nicht so ist, fülle den Mixtopf nochmals bis zur 1 Liter-Marke mit Wasser und gare das Fleisch weitere 30 Minuten/ Varoma/ Sanftrührstufe.

4. Wiege in der Zwischenzeit z.B. mit einer Löffelwaage Pfeffer, Majoran, Ingwer, Muskat, Piment, Rosmarin, Basilikum, Thymian, Selleriesalz, 3,2 g Vitamin C und 14,4 g Nitritpökelsalz ab. Stelle die abgewogenen Gewürze in einer Schüssel beiseite.

5. Siebe das fertig gegarte Fleisch durch ein Sieb ab und fange die restliche Brühe aus dem Mixtopf in einem separaten Gefäß auf. Säubere den Mixtopf und lass ihn kurz abtropfen. Halte das abgesiebte Fleisch bis zur Weiterverarbeitung warm.

6. Nun gibst du die Zwiebel in den Mixtopf und zerkleinerst sie 2 Sekunden/ Stufe 6. Schiebe die Stücke mit dem Spatel nach unten und füge das Öl hinzu. Dünste die Zwiebelstückchen 10 Minuten/ 100°C/ Sanftrührstufe an. Lass den Mixtopf anschließend auf unter 50°C abkühlen.

7. Füge in den abgekühlten Mixtopf die Leber hinzu und zerkleinere die Zutaten 10 Sekunden/ Stufe 10. Schiebe mit dem Spatel die Reste nach unten und vermenge die Mischung weitere 5 Sekunden/ Stufe 10. Schiebe die Reste vom Rand anschließend wieder mit dem Spatel nach unten.

8. Gib nun 300 g warmgehaltenen Schweinebauch in den Mixtopf dazu und zerkleinere die Zutaten 10 Sekunden/ Stufe 10. Gib zum Schluss noch die abgewogenen Gewürze und das Hackfleisch hinzu und vermenge die Zutaten 15–30 Sekunden/ Linkslauf/ Stufe 4. Jetzt sollten sich die Zutaten gut miteinander verbunden haben und es sollte eine gleichmäßige Masse entstanden sein. Je nachdem wie die Konsistenz der Masse ist, kannst du optional noch etwas von der aufgefangenen Brühe hinzugeben und 20 Sekunden/ Stufe 4 untermengen.

9. Fülle die fertige Masse in saubere Gläser ab und reinige den Mixtopf und den Varoma. Verschließe die Gläser mit nassen Deckeln und verteile sie im Varoma. Fülle 1500 g Wasser in den Mixtopf und setze den Varoma oben drauf. Koche die Gläser 90 Minuten/ Varoma/ Sanftrührstufe ein. Lass die Gläser anschließend im Varoma auskühlen. Wenn sie abgekühlt sind, sollten die Deckel eingezogen sein. Im Kühlschrank halten sich die Gläser ungeöffnet maximal 12 Wochen.

4 Gläser

1 Tag 3 h 40 Min. – 4 h 10 Min.

schwer

LEBERSTREICHWURST, FEIN

Zubereitungszeit: 3 Stunden 40 Minuten–4 Stunden 10 Minuten
Ruhezeit: ca. 24 Stunden
Utensilien: Löffelwaage, 4 Gläser à 230 ml
Zutaten für 4 Gläser

- 3500 g Wasser
- 104 g Nitritpökelsalz
- 12,1 g Vitamin C
- 800 g (Frischgewicht) Schweinebauch, fett, durchwachsen, weiche Wamme, ohne Knochen und Schwarte, ergibt: gepökelt und gekocht 300 g
- 600 g (Frischgewicht) Schweinshaxe, durchwachsen, ohne Knochen und Schwarte, ergibt: gepökelt und gekocht 200 g
- 42 g Zwiebel, halbiert
- 50 g Sonnenblumenöl
- 200 g Schweineleber, roh
- 1,4 g Pfeffer, weiß, gemahlen
- 1,4 g Ingwer, gemahlen
- 1,4 g Kardamom, gemahlen
- 2,1 g Muskatblüte, gemahlen, z.B. von Fuchs
- 1,4 g Nelken, gemahlen
- 3,5 g Vanillinzucker
- Sahne oder Honig nach Belieben

mixtipp
Wiege nach dem Kochen zunächst die benötigte Menge an Schweinefleisch ab, die du für die Wurst benötigst. Dann darfst du nach Herzenslust Naschen!

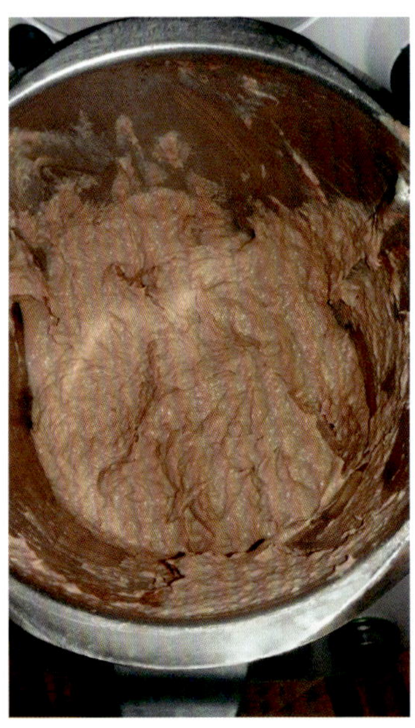

1. Fülle zunächst 1500 g Wasser, 100 g Nitritpökelsalz und 10 g Vitamin C in den Mixtopf und erhitze die Mischung 5 Minuten/ 50°C/ Sanftrührstufe. Schneide Schweinebauch und Schweinshaxe in 3 x 3 cm große Stücke und gib die Stücke zu der Flüssigkeit in den Mixtopf. Stelle sicher, dass das ganze Fleisch mit Flüssigkeit bedeckt ist. Decke den Mixtopf ab und lass das Fleisch mit der Flüssigkeit abkühlen.

2. Fülle die abgekühlte Mischung in ein separates Gefäß um und lass das Fleisch abgedeckt 24 Stunden im Kühlschrank umröten.

3. Setze den Varoma auf den Mixtopf. Siebe das umgerötete Fleisch mit der Flüssigkeit durch den Varoma in den Mixtopf ab. Fülle die aufgefangene Lake im Mixtopf bis zur 2 Liter-Marke mit Wasser auf und setze den Varoma mit dem Fleisch wieder auf den Mixtopf. Gare nun das Fleisch 90 Minuten/ Varoma/ Sanftrührstufe. Das Fleisch sollte anschließend weichgekocht sein. Ist dies nicht der Fall, fülle den Mixtopf bis zur 1 Liter-Marke mit Wasser auf und gare das Fleisch weitere 30 Minuten/ Varoma/ Sanftrührstufe.

4. Siebe das gegarte Fleisch durch ein Sieb ab und fange die Brühe aus dem Mixtopf in einem separaten Gefäß auf. Halte das Fleisch bis zur weiteren Verarbeitung warm. Reinige den Mixtopf und lass ihn kurz abkühlen.

5. Wiege die Zwiebel z.B. mit einer Löffelwaage ab und gib sie in den Mixtopf. Zerkleinere die Zwiebel 2 Sekunden/ Stufe 6 und schiebe anschließend die Stückchen mit dem Spatel nach unten. Füge das Sonnenblumenöl hinzu und dünste die Zwiebeln 10 Minuten/ 120°C/ Sanftrührstufe an. Nimm anschließend vorsichtig den Deckel vom Mixtopf und lass die Zwiebeln auf unter 50°C abkühlen.

6. Wiege 4 g Nitritpökelsalz mit der Löffelwaage ab und würze damit die Leber. Gib die gesalzene Leber zu den abgekühlten Zwiebeln in den Mixtopf. Vermische die Zutaten 15 Sekunden/ Stufe 6 und schiebe die Reste anschließend mit dem Spatel nach unten.

7. Gib 300 g warmgehaltenen Schweinebauch und 200 g warmgehaltene Schweinshaxe dazu und vermenge die Zutaten 2 Minuten/ Stufe 6. Wiege 2,1 g Vitamin C, Pfeffer, Ingwer, Kardamom, Muskatblüte, Nelken und Vanillinzucker mit einer Löffelwaage ab und füge die Gewürze in den Mixtopf hinzu. Zerkleinere die Zutaten 1 Minute/ Stufe 6. Die Masse sollte anschließend schön sämig sein.

8. Füge zum Schluss noch 100 g der aufgefangenen Flüssigkeit hinzu und schmecke nach Belieben mit Salz und Sahne oder Honig ab. Vermische die Zutaten zum Schluss nochmals 1 Minute/ Stufe 6.

9. Fülle die Streichwurst in saubere Gläser ab und verschließe die Gläser mit nassen Deckeln. Reinige den Mixtopf und den Varoma und verteile die Gläser im Varoma. Befülle den Mixtopf mit 2000 g Wasser und setze den Varoma auf den Mixtopf. Koche die Gläser nun 90 Minuten/ Varoma/ Sanftrührstufe ein. Entferne den Deckel vom Varoma und lass die Gläser auskühlen. Wenn die Gläser kalt sind, sollten die Deckel eingezogen sein. Im Kühlschrank halten sich die ungeöffneten Gläser maximal 12 Wochen.

Bei der Umrötung verfärbt sich der Muskelfarbstoff Myoglobin in rote Farbe durch eine chemische Reaktion mit Nitritpökelsalz und Vitamin C. Dadurch bleibt die rote Farbe im Fleisch beständig und es wird nicht grau.

4 Gläser

5 h 10 Min.

mittel

BAUERNLEBERWURST

Zubereitungszeit:
5 Stunden 10 Minuten
Utensilien: großes Sieb, Löffelwaage, 4 Gläser à 230 ml
Zutaten für 4 Gläser

- 3500 g Wasser
- ca. 500 g (Frischgewicht) Schweineschulter, flach, mit Speck, ohne Schwarte, ergibt gekocht 200 g
- 800 g (Frischgewicht) Schweinebauch, gut durchwachsen, ohne Knochen, ergibt gekocht 300 g
- 60 g Zwiebeln, halbiert
- 50 g Rapsöl
- 160 g Schweineleber, frisch
- 150 g Kesselbrühe
- 16,2 g Kochsalz
- 1,6 g Pfeffer, weiß, gemahlen
- 3,2 g Majoran
- 3,2 g Ingwer, gemahlen
- 3,2 g Muskat, gemahlen
- 3,2 g Piment, gemahlen
- 4,1 g Vanillinzucker
- 3,2 g Thymian
- 3,2 g Selleriesalz

1. Gib zunächst 2000 g Wasser in den Mixtopf und verteile Schweineschulter und Schweinebauch im Varoma. Verschließe den Varoma und setze ihn auf den Mixtopf. Gare das Fleisch nun 90 Minuten/ Varoma/ Sanftrührstufe. Nach Ablauf der Zeit garst du das Fleisch für weitere 30 Minuten/ Varoma/ Sanftrührstufe.

2. Setze anschließend den Varoma vom Mixtopf ab und siebe das Fleisch und die Flüssigkeit aus dem Mixtopf durch ein großes Sieb ab. Fange dabei die Flüssigkeit in einer Schüssel auf. Spüle den Mixtopf aus und trockne ihn ab. Stelle das Fleisch bis zur Weiterverarbeitung warm.

3. Nun gibst du die Zwiebel in den Mixtopf und zerkleinerst sie 2 Sekunden/ Stufe 6. Schiebe die Stücke mit dem Spatel nach unten und füge das Öl hinzu. Gare die Zwiebelstücke 10 Minuten/ 120°C/ Sanftrührstufe. Öffne anschließend vorsichtig den Deckel und lass die Zwiebelmischung auf bis unter 50°C abkühlen.

4. Gib anschließend die Leber zu der abgekühlten Zwiebelmischung und vermische die Zutaten 30 Sekunden/ Stufe 6. Schiebe die Stücke mit dem Spatel nach unten. Füge 200 g warme, gekochte Schweineschulter, 300 g warmen, gekochten Schweinebauch und 150 g der aufgefangenen Flüssigkeit (Kesselbrühe) dazu und vermenge die Masse 30 Sekunden/ Stufe 6.

5. Schiebe die Stücke wiederum mit dem Spatel nach unten. Wiege Kochsalz, Pfeffer, Majoran, Ingwer, Muskat, Piment, Vanillinzucker, Thymian und Selleriesalz z.B. mit einer Löffelwaage ab und gib die abgewogenen Gewürze in den Mixtopf hinzu. Verrühre die Zutaten nun 30 Sekunden/ Stufe 6. Nach Belieben kannst du die Leberwurst nun noch nachwürzen.

6. Fülle die Masse bis 1 cm unter den Rand in Gläser ab und verschließe die Gläser mit nassen Deckeln. Reinige den Mixtopf und den Varoma und verteile die Gläser im gereinigten Varoma. Fülle den Mixtopf mit 1500 g Wasser und setze den verschlossenen Varoma auf den Mixtopf drauf. Koche die Gläser nun 90 Minuten/ Varoma/ Sanftrührstufe ein.

7. Entferne zum Schluss den Deckel vom Varoma und lass die Gläser im Varoma auskühlen. Wenn die Gläser ausgekühlt sind, sollten die Glasdeckel eingezogen sein. Im Kühlschrank hält sich die Leberwurst ungeöffnet bis zu 12 Wochen.

4 Gläser

3 h 45 Min.

mittel

HAUSMACHER PRESSSACK

Zubereitungszeit:
3 Stunden 45 Minuten
Utensilien: 4 Gläser à 230 ml
Zutaten für 4 Gläser

- ca. 100 g Schweinerückenschwarte, in Stücke geschnitten, vom Metzger vorbereitet
- 1000 g (Frischgewicht) Schweinshaxe, mit Schwarte, ausgelöst, vom Metzger vorbereitet
- 4500 g Wasser
- 100 g Zwiebel, halbiert
- 100 g Cornichons
- ½ TL Kochsalz
- ½ TL Pfeffer, weiß
- ½ TL Kümmel, gemahlen
- ½ TL Rohrzucker
- einige Spritzer Maggi-Würze
- ½ TL Essigessenz, 25%

1. Gib zunächst die Schweinerückenschwarte und die ausgelöste Haxe in den Varoma. Fülle den Mixtopf mit 2000 g Wasser und setze den Varoma auf den Mixtopf. Gare das Fleisch 90 Minuten/ Varoma/ Sanftrührstufe. Fülle anschließend nochmals Wasser bis zur 1 Liter-Marke nach und gare das Fleisch weitere 30 Minuten/ Varoma/ Sanftrührstufe.

2. Siebe die Flüssigkeit mit dem Fleisch durch ein Sieb in eine Schüssel ab. Lass das Fleisch auf einem separaten Teller abkühlen. Reinige den Mixtopf und gib die Zwiebel und die Cornichons hinein. Zerkleinere die Mischung 2 Sekunden/ Stufe 6.

3. Schneide das abgekühlte Fleisch mit einem Messer in kleine Würfel und die Schwarte in dünne Streifen. Gib das Fleisch mit den Zwiebeln und den Cornichons in eine Schüssel. Vermische das Fleisch mit der Zwiebel-Cornichon-Mischung mithilfe eines Löffels.

4. Wenn die Masse sehr dick ist, gib noch ein wenig aufgefangene Brühe hinzu. Würze die Mischung mit Salz, Pfeffer, Kümmel, Rohrzucker, Maggi und Essigessenz. Je nach Belieben kannst du mehr oder weniger von den Gewürzen verwenden. Gehe aber vorsichtig mit der Essigessenz um.

5. Fülle das Fleisch in saubere Gläser bis 1 cm unter den Rand ab und verschließe sie mit nassen Deckeln. Verteile die Deckel im Varoma und reinige den Mixtopf. Befülle den Mixtopf mit 1500 g Wasser und setze den Varoma auf. Koche die Gläser nun 90 Minuten/ Varoma/ Sanftrührstufe ab.

6. Nimm abschließend den Varomadeckel ab und lass die Gläser auskühlen. Die Glasdeckel sollten, wenn sie kalt sind, eingezogen sein. Du kannst die Gläser ungeöffnet maximal 12 Wochen im Kühlschrank aufbewahren.

4–5 Gläser

16 h
15 Min. –
45 Min.

schwer

PRESSSACK, WEISS

Zubereitungszeit:
3 Stunden 15 Minuten –
3 Stunden 45 Minuten
Ruhezeit: ca. 13 Stunden
Utensilien: Schöpflöffel,
4–5 Gläser à 230 ml
Zutaten für 4–5 Gläser

- 3500 g Wasser
- 120 g Pökelsalz
- 1 Knoblauchzehe, zerdrückt
- 20 g Rohrzucker
- ca. 1000 g (Frischgewicht) Schweinshaxe, mit Schwarte, ausgelöst, vom Metzger vorbereitet
- 1 Schweinemaske, roh, geputzt, vom Metzger vorbereitet
- 100 g Zwiebeln, halbiert
- 150 g Cornichons
- 1 gestr. TL Pfeffer, weiß, gemahlen
- Doppelpack Zitronenschale, gerieben, mit Dextrose, z.B. von Dr. Oetker
- Essigessenz, 25%, nach Belieben

1. Fülle in den Mixtopf 2000 g Wasser, Pökelsalz, Knoblauch und Rohrzucker. Koche die Mischung 5 Minuten/ 60°C/ Sanftrührstufe. Schneide die vorbereitete Schweinshaxe und die Schweinemaske in grobe Stücke.

2. Wenn die Flüssigkeit im Mixtopf aufgewärmt ist, gibst du die Fleischstücke hinzu und lässt das Fleisch mit der Flüssigkeit abgedeckt abkühlen. Fülle beides anschließend in ein separates Gefäß um und lagere das Fleisch in der Flüssigkeit über Nacht abgedeckt und kühl.

3. Setze den Varoma auf den Mixtopf und siebe das Fleisch durch den Varoma ab. Füge zur aufgefangenen Flüssigkeit noch Wasser bis zur 2 Liter-Marke hinzu. Setze den Varoma mit dem Fleisch auf den Mixtopf und gare das Fleisch 90 Minuten/ Varoma/ Sanftrührstufe. Wenn das Fleisch nach der Zeit noch nicht weich ist, gib nochmals bis zur 1,5 Liter-Marke Wasser in den Mixtopf und gare das Fleisch weitere 30 Minuten/ Varoma/ Sanftrührstufe.

4. Siebe das Fleisch und die Flüssigkeit aus dem Mixtopf durch ein Sieb in eine Schüssel ab und lass es ein wenig abkühlen. Schneide das abgekühlte Fleisch in dünne Streifen und gib diese in eine weitere Schüssel.

5. Reinige den Mixtopf und gib Zwiebeln und Cornichons hinein. Zerkleinere beides 2 Sekunden/ Stufe 5. Gib die zerkleinerte Mischung anschließend zum Fleisch in die Schüssel. Mische außerdem noch 1–2 kleine Schöpflöffel der aufgefangenen Brühe unter das Fleisch. Die gesamte Masse sollte dickflüssig sein.

6. Schmecke die Masse mit Pfeffer, Zitrone und Essigessenz ab. Da das Fleisch und die Brühe schon gesalzen sind, sei sparsam beim Nachwürzen mit Salz. Gehe außerdem vorsichtig mit der Essigessenz um. Beachte bitte, dass das Fleisch im warmen Zustand etwas würziger und schärfer schmeckt.

7. Fülle das Fleisch bis 1 cm unter den Rand in Gläser ab und verschließe sie mit nassen Deckeln. Reinige den Mixtopf und verteile die Gläser im Varoma. Befülle den Mixtopf mit 1500 g Wasser und setze den Varoma auf den Mixtopf auf. Koche die Gläser nun 90 Minuten/ Varoma/ Sanftrührstufe ein.

8. Öffne abschließend den Deckel vom Varoma und lass die Gläser auskühlen. Wenn die Gläser kalt sind, sollten die Deckel eingezogen sein. Im Kühlschrank aufbewahrt, sind die Gläser ungeöffnet maximal 12 Wochen haltbar.

4 Gläser

16 h 20 Min – 50 Min.

schwer

PRESSFLEISCH NACH FRÄNKISCHER ART

Zubereitungszeit:
3 Stunden 20 Minuten – 3 Stunden 50 Minuten
Ruhezeit: ca. 13 Stunden
Utensilien: Löffelwaage, 4 Gläser à 230 ml
Zutaten für 4 Gläser

600 g (Frischgewicht) Schweineschulter mit Speck und Schwarte, ergibt gekocht ca. 300 g
600 g (Frischgewicht) Schweinebauch mit Schwarte, ohne Knochen, ergibt gekocht ca. 300 g
3000 g Wasser
100 g Nitritpökelsalz
6,4 g Vitamin C
2 Knoblauchzehen
70 g Zwiebel, halbiert
2,8 g Pfeffer, weiß, gemahlen
4,2 g Kümmel, gemahlen
2,1 g Muskatblüte, gemahlen, z.B. von Fuchs
2,8 g Piment, gemahlen
4,2 g Majoran
2,8 g Vanillinzucker
100 g Kesselbrühe

1. Schneide die Schweineschulter und den Schweinebauch in 3 x 3 cm große Stücke. Fülle 1500 g Wasser, 90 g Nitritpökelsalz, 5 g Vitamin C, die geschälten Knoblauchzehen und das geschnittene Fleisch in den Mixtopf. Erhitze die Zutaten 5 Minuten/ 50°C/ Linkslauf/ Sanftrührstufe.

2. Lass die Mischung anschließend im Mixtopf abgedeckt abkühlen und fülle sie dann in eine separate Schüssel um. Decke die Schüssel ab und stelle das Fleisch mit der Flüssigkeit zum Umröten über Nacht in den Kühlschrank.

3. Setze am nächsten Tag den Varoma auf den Mixtopf und siebe das Fleisch durch den Varoma ab. Fülle die aufgefangene Flüssigkeit im Mixtopf bis zur 1,5 Liter-Marke mit Wasser auf und setze den Varoma mit dem Fleisch wieder auf den Mixtopf. Gare das Fleisch nun 90 Minuten/ Varoma/ Sanftrührstufe. Fülle den Mixtopf anschließend nochmals bis zur 1 Liter-Marke mit Wasser auf und gare das Fleisch für weitere 30 Minuten/ Varoma/ Sanftrührstufe.

4. Siebe das Fleisch und die Flüssigkeit anschließend durch ein Sieb in ein Gefäß ab. Stelle das Fleisch bis zur weiteren Verarbeitung zur Seite und die aufgefangene Brühe (Kesselbrühe) ebenfalls.

5. Gib jetzt die Zwiebel in den Mixtopf und zerkleinere sie 2 Sekunden/ Stufe 5. Schiebe die Stücke mit dem Spatel nach unten und ergänze das gekochte Fleisch. Zerkleinere die Zutaten weitere 2 Sekunden/ Stufe 5. Schiebe die Stücke wiederum mit dem Spatel nach unten.

6. Wiege Pfeffer, Kümmel, Muskatblüte, Piment, Majoran, Vanillinzucker und 1,4 g Vitamin C z.B. mit einer Löffelwaage ab. Gib die Gewürze und 100 g der aufgefangenen Brühe in den Mixtopf dazu. Vermische die Masse 30 Sekunden/ Linkslauf/ Stufe 3.

7. Die Masse sollte jetzt zähfließend sein. Schmecke das Fleisch nach Belieben ab und fülle es in saubere Gläser bis zu 1 cm unter den Rand um. Achte darauf, dass der Rand sauber bleibt. Verschließe die Gläser mit nassen Deckeln.

8. Reinige den Mixtopf und den Varoma. Verteile die Gläser im Varoma und befülle den Mixtopf mit 1500 g Wasser. Setze den Varoma auf den Mixtopf und verschließe ihn. Koche die Gläser nun 90 Minuten/ Varoma/ Sanftrührstufe ein.

9. Nimm abschließend den Deckel vom Varoma ab und lass die Gläser auskühlen. Bei den kalten Gläsern sollten die Deckel eingezogen sein. Im Kühlschrank sind die Gläser ungeöffnet maximal 12 Wochen haltbar.

Bei der Umrötung verfärbt sich der Muskelfarbstoff Myoglobin in rote Farbe durch eine chemische Reaktion mit Nitritpökelsalz und Vitamin C. Dadurch bleibt die rote Farbe im Fleisch beständig und es wird nicht grau.

4 Gläser

14 h 25 Min.

schwer

SCHINKENFLEISCH IN ASPIK

Zubereitungszeit:
2 Stunden 25 Minuten
Ruhezeit: 12 Stunden
Utensilien: 4 Gläser à 230 ml
Zutaten für 4 Gläser

- 1000 g (Frischgewicht) Schweinelachs, am Stück, frisch, ausgelöst
- 3000 g Wasser
- 80 g Pökelsalz
- 10 g Vitamin C
- 1 Knoblauchzehe, zerdrückt
- Aspik-Pulver für 1 Liter Sülze, mind. 200 Bloom, z.B. von Gilde
- Salz, nach Belieben
- Pfeffer, nach Belieben
- Maggi-Würze, Worcestershiresauce, Zitrone, Balsamico oder Obstessig, optional, nach Belieben und Geschmack

1. Schneide den frischen Schweinelachs in 2 x 2 cm große Würfel. Fülle den Mixtopf mit 1500 g Wasser und füge Pökelsalz, Vitamin C und die Knoblauchzehe in den Mixtopf dazu. Erhitze die Flüssigkeit 10 Minuten/ 50°C/ Sanftrührstufe.

2. Wenn das Wasser warm ist, gibst du das in Stücke geschnittene Fleisch hinzu, deckst den Topf ab und lässt das Fleisch in der Flüssigkeit bis zum nächsten Tag ziehen. Schalte den Thermomix® in der Zeit nicht ein und fülle die Mischung nicht in einen separaten Topf um.

3. Nutze am nächsten Tag den Varoma als Sieb und siebe die Flüssigkeit mit dem Fleisch durch den Varoma in eine Schüssel ab. Schütte die aufgefangene Flüssigkeit wieder in den Mixtopf und verteile das Fleisch im Varoma. Setze den Varoma auf den Mixtopf und gare das Fleisch 30 Minuten/ Varoma/ Sanftrührstufe. Wende die Fleischstücke nach der Hälfte der Zeit mit einem Löffel.

4. Stelle zwischenzeitlich nach Packungsangabe mit dem Aspikpulver ca. 1 Liter Sülze her. Schmecke diese nach Belieben mit Salz, Pfeffer, Maggi-Würze, Worcestershiresauce, Zitrone, Balsamico oder Obstessig ab. Ganz nach deinem Geschmack.

5. Nimm das gewürfelte Fleisch aus dem Varoma und fülle es zu zwei Dritteln in Gläser. Gieße das flüssige, abgeschmeckte Aspik bis 1 cm unter den Rand über das Fleisch. Verschließe die Gläser mit nassen Deckeln.

6. Reinige den Varoma und den Mixtopf. Verteile die Gläser im Varoma und fülle den Mixtopf mit 1500 g Wasser. Setze den Varoma auf den Mixtopf und koche die Gläser 90 Minuten/ Varoma/ Sanftrührstufe ein.

7. Nimm anschließend den Deckel vom Varoma ab und lass die Gläser auskühlen. Wenn die Gläser kalt sind, sollten die Glasdeckel eingezogen sein. Im Kühlschrank kannst du die Gläser maximal 12 Wochen ungeöffnet aufbewahren.

ROHWURST

400 g

13 h 10 Min.

leicht

ZWIEBELMETTWURST

Zubereitungszeit: 10 Minuten
Ruhezeit: 13 Stunden
Utensilien: Löffelwaage, 4–6 Muffinförmchen
Zutaten für 400 g

- 300 g Schinkenfleisch, mager, gefroren
- 100 g Schweinebauch, ohne Schwarte, gefroren
- 8 g Nitritpökelsalz
- 1,6 g Vitamin C
- 1,6 g Ingwer, gemahlen
- 1,2 g Pfeffer, weiß, gemahlen
- 1,6 g Selleriesalz
- 1,6 g Rohrzucker
- 0,8 g Paprikapulver, edelsüß
- 20 g Zwiebel, in groben Stücken
- 1 Fläschchen Rum-Aroma oder 1 TL Rum, optional

mixtipp
Du kannst die gefüllten Muffinförmchen auch einfrieren und nach Bedarf auftauen und sofort verzehren.

1. Lass das Fleisch zunächst im Kühlschrank 1 Stunde antauen. Schneide es anschließend in 2 x 2 cm große Stücke.

2. Wiege Nitritpökelsalz, Vitamin C, Ingwer, Pfeffer, Selleriesalz, Rohrzucker und Paprika z.B. mit einer Löffelwaage ab und stelle die Gewürze beiseite.

3. Gib die angetauten Fleischstücke in den Mixtopf und zerkleinere sie 10 Sekunden/ Stufe 10. Schiebe die Stücke anschließend mit dem Spatel nach unten. Füge die Zwiebeln hinzu und vermenge beides 6 Sekunden/ Stufe 6. Schiebe die Reste wieder mit dem Spatel vom Rand runter.

4. Füge jetzt noch die abgewogenen Gewürze und eventuell Rum dazu und vermische die Masse 1 Minute/ Linkslauf/ Stufe 3. Drücke die Fleischmasse mit einem Löffel in Muffinförmchen ein. Decke die Muffinförmchen mit Frischhaltefolie ab und lass sie über Nacht im Kühlschrank umröten.

5. Verzehre die Mettwurst anschließend innerhalb von 2 Tagen und bewahre sie immer im Kühlschrank auf.

Bei der Umrötung verfärbt sich der Muskelfarbstoff Myoglobin in rote Farbe durch eine chemische Reaktion mit Nitritpökelsalz und Vitamin C. Dadurch bleibt die rote Farbe im Fleisch beständig und es wird nicht grau.

mixtipp

Wer den intensiven Geschmack von Zwiebeln nicht so mag, kann die Zwiebeln vor dem Fleisch im Mixtopf 3 Sekunden/ Stufe 5 zerkleinern, umfüllen und den Mixtopf reinigen. Anschließend dann das Fleisch wie in Schritt 3 beschrieben zerkleinern und die Zwiebel in Schritt 4 wieder hinzugeben.

300 g

2 h 40 Min.

leicht

TATAR

Zubereitungszeit: 10 Minuten
Ruhezeit: 2 ½ Stunden
Utensilien: Löffelwaage, 4 Servierschalen
Zutaten für 300 g

300 g Rindfleisch, mager, aus der Keule, gewürfelt eingefroren
60 g Zwiebel, geviertelt + gehackte Zwiebeln zum Garnieren
6 g Kochsalz
0,9 g Pfeffer, weiß, gemahlen
0,9 g Paprikapulver, edelsüß
Senf, nach Belieben
Eigelb, nach Belieben, zum Servieren
Salz, Pfeffer, Paprikapulver, gemahlener Kümmel, nach Belieben, zum Servieren

1. Lass das gewürfelte und gefrorene Rindfleisch zunächst 2 Stunden im Kühlschrank antauen. Gib die Zwiebel in den Mixtopf und zerkleinere sie 2 Sekunden/ Stufe 6. Fülle die Zwiebelstückchen in eine separate Schüssel um.

2. Nimm das angetaute Fleisch aus dem Kühlschrank und mache eine Schnittprobe. Wenn es sich gut schneiden lässt, gib es in den Mixtopf und zerkleinere es 20 Sekunden/ Stufe 10. Schiebe die Stücke mit dem Spatel nach unten.

3. Wiege Kochsalz, Pfeffer und Paprikapulver z.B. mit einer Löffelwaage ab und gib die Gewürze und Senf nach Belieben in den Mixtopf dazu. Vermische die Zutaten 20 Sekunden/ Stufe 6 und schiebe die Reste mit dem Spatel nach unten. Lass die Fleischmischung nun im Mixtopf ca. eine halbe Stunde ruhen, bis die Eiskristalle im Fleisch geschmolzen sind.

4. Vermische das Tatar abschließend nochmals 20 Sekunden/ Stufe 4. Verteile das Tatar in Servierschalen und forme in der Mitte eine Kuhle. Gib ein Eigelb hinein und garniere den Rand mit den gehackten Zwiebeln. Reiche Salz, Pfeffer, Paprika und gemahlenen Kümmel zum Nachwürzen dazu.

300 g

2 h 10 Min.

leicht

SCHWEINEMETT

Zubereitungszeit: 10 Minuten
Ruhezeit: 2 Stunden
Utensilien: Löffelwaage
Zutaten für 300 g

200 g Schinkenfleisch, mager, in 3 x 3 cm Würfeln eingefroren
100 g Schweinebauch, durchwachsen, ohne Knochen und Schwarten, gefroren
5,4 g Kochsalz
0,9 g Paprikapulver, edelsüß
0.9 g Pfeffer, weiß, gemahlen
1,2 g Selleriesalz
1,2 g Rohrzucker
Majoran oder Knoblauch, optional, nach Geschmack

1. Lass das Fleisch zunächst im Kühlschrank 2 Stunden antauen. Schneide das aufgetaute Fleisch in Würfel und gib diese in den Mixtopf. Zerkleinere das Fleisch 10 Sekunden/ Stufe 10 und schiebe mit dem Spatel die Reste nach unten.

2. Wiege Kochsalz, Paprikapulver, Pfeffer, Selleriesalz und Rohrzucker z.B. mit einer Löffelwaage ab und gib die abgewogenen Gewürze gemeinsam mit Majoran und Knoblauch nach Geschmack in den Mixtopf. Vermische die Zutaten 6 Sekunden/ Stufe 6. Schiebe die Reste wieder mit dem Spatel nach unten und vermenge die Mischung zum Schluss nochmals 30 Sekunden/ Linkslauf/ Stufe 3.

3. Serviere das Mett auf einem Teller, z.B. als Mettigel mit Zwiebeln und Petersilie garniert. Lagere das Mett kühl und verzehre es noch am Herstellungstag und maximal einen Tag darauf.

400 g

13 h 10 Min.

mittel

METTWURST, GROB

Zubereitungszeit: 10 Minuten
Ruhezeit: 13 Stunden
Utensilien: Löffelwaage, 4–6 Silikon-Muffinförmchen
Zutaten für 400 g

- 150 g Rindfleisch, mager, gefroren
- 150 g Schweineschinkenfleisch, gefroren
- 100 g Schweinebauch, durchwachsen, gefroren
- 1,2 g Kümmel, ganz
- 1,2 g Pfefferkörner, bunt
- 8 g Nitritpökelsalz
- 1,6 g Vitamin C
- 2 g Ingwer, gemahlen
- 1,6 g Selleriesalz
- 1,6 g Rohrzucker
- 0,8 g Paprika, edelsüß

1. Lass zunächst das gesamte Fleisch 1 Stunde im Kühlschrank antauen. Schneide das Fleisch anschließend in 2 x 2 cm große Stücke. Wiege Kümmel und Pfefferkörner z.B. mit einer Löffelwaage ab und gib die abgewogenen Gewürze gemeinsam mit den Schweinebauchstücken in den Mixtopf. Zerkleinere die Zutaten 6 Sekunden/ Stufe 10. Achtung, dabei wird es etwas lauter. Fülle den zerkleinerten Bauch anschließend in eine separate Schüssel um.

2. Gib nun die Schweineschinkenfleisch- und Rindfleischstücke in den Mixtopf und zerkleinere sie wiederum 10 Sekunden/ Stufe 10. Auch das kann etwas lauter werden. Schiebe die Stücke anschließend mit dem Spatel nach unten.

3. Wiege Nitritpökelsalz, Vitamin C, Ingwer, Selleriesalz, Rohrzucker und Paprika mit einer Löffelwaage ab und gib die Gewürze gemeinsam mit dem beiseite gestellten Schweinebauch in den Mixtopf dazu. Vermenge die Zutaten 3 Sekunden/ Stufe 6 und schiebe die Stücke anschließend mit dem Spatel nach unten.

4. Vermische die Masse nochmals 2 Minuten/ Linkslauf/ Stufe 3 und fülle sie dann in die Silikon-Muffinförmchen um. Bedecke die Förmchen mit Frischhaltefolie und lass das Fleisch in den Förmchen über Nacht im Kühlschrank umröten.

5. Am nächsten Tag kannst du die Mettwurst sofort verzehren oder nicht benötigte Förmchen einfrieren. Diese kannst du dann nach Bedarf auftauen.

Bei der Umrötung verfärbt sich der Muskelfarbstoff Myoglobin in rote Farbe durch eine chemische Reaktion mit Nitritpökelsalz und Vitamin C. Dadurch bleibt die rote Farbe im Fleisch beständig und es wird nicht grau.

300 g

14 h 10 Min.

leicht

METTWURST, FEIN

Zubereitungszeit: 10 Minuten
Ruhezeit: 14 Stunden
Utensilien: Löffelwaage, 4–6 Silikon-Muffinförmchen
Zutaten für 300 g

- 200 g Hackfleisch, gemischt, gefroren
- 100 g Schweinewamme ohne Schwarte, beim Metzger richten lassen, gefroren
- 1,2 g Vitamin C
- 1,2 g Kümmel, gemahlen
- 1,8 g Ingwer, gemahlen
- 0,9 g Pfeffer, weiß, gemahlen
- 1,2 g Selleriesalz
- 1,2 g Rohrzucker
- 0,9 g Paprika, edelsüß
- 6,6 g Nitritpökelsalz
- 1 Fläschchen Rum-Aroma, nach Belieben, z.B. von Dr. Oetker

1. Lass das Hackfleisch und die Schweinewamme zunächst 2 Stunden im Kühlschrank antauen. Anschließend schneidest du beides in 3 x 1 cm große Streifen und gibst diese in den Mixtopf. Zerkleinere das Fleisch 2 Minuten/ Stufe 10 und schiebe die Reste mit dem Spatel nach unten.

2. Zerkleinere das Fleisch weiter 1 Minute/ Stufe 7, bis es sehr fein ist. Wiege Vitamin C, Kümmel, Ingwer, Pfeffer, Selleriesalz, Rohrzucker und Paprika z.B. mit einer Löffelwaage ab und gib die abgewogenen Gewürze in den Mixtopf. Vermische die Zutaten 30 Sekunden/ Stufe 7.

3. Wiege das Nitritpökelsalz mit der Löffelwaage ab und gib dieses gemeinsam mit dem Rum-Aroma in den Mixtopf. Vermische die Zutaten weitere 30 Sekunden/ Stufe 7. Die Endtemperatur der Masse darf über 20°C liegen.

4. Fülle die Masse mit einem Spatel in die Silikon-Muffinförmchen und decke diese mit Frischhaltefolie ab. Lass das Fleisch in den Förmchen über Nacht im Kühlschrank umröten und verzehre die Mettwurst am nächsten Tag.

Bei der Umrötung verfärbt sich der Muskelfarbstoff Myoglobin in rote Farbe durch eine chemische Reaktion mit Nitritpökelsalz und Vitamin C. Dadurch bleibt die rote Farbe im Fleisch beständig und es wird nicht grau.

mixtipp
Du kannst die Masse auch in eine große Schüssel füllen und darin über Nacht umröten lassen. Am nächsten Tag kannst du aus der Masse mithilfe von 2 Löffeln kleine Nuggets abstechen.

WEITERE TITEL AUS DIESER REIHE

mixtipp:
Schoko-Schmecker

104 Seiten,
Format: 17 x 24 cm,
Klappenbroschur,
durchgehend farbig bebildert,
ISBN: 978-3-96058-039-3, **9,99 €**

Nutella® – allein wenn du den Begriff hörst, läuft dir das Wasser im Mund zusammen? Dann ist diese Rezeptsammlung genau die Richtige für dich! Das Team mixtipp hat sich von dem leckeren Nuss-Nougat-Aufstrich inspirieren lassen und 40 Rezepte rund um die cremige Sünde zusammengestellt. Eine selbstgemachte Nuss-Nougat-Creme zum Sonntagsfrühstück, ein Schokoschmarren zum Mittagessen, ein Birnen-Bananen-Milchshake mit Nutella® für Zwischendurch oder eine verführerische Torte zum Nachmittagskaffee. Sogar Eis und Liköre verfeinert der Aufstrich mit seiner puren Cremigkeit.
Durch die Zubereitung mit dem Thermomix®, sowohl mit dem TM 5 und dem TM 31, ist jedes Rezept im Nullkommanichts fertig.

mixtipp:
Lieblings-Aufläufe

112 Seiten,
Format: 17 x 24 cm,
Klappenbroschur,
durchgehend farbig bebildert,
ISBN: 978-3-96058-035-5, **9,99 €**

Jedes Kind liebt sie, jeder Erwachsene ebenso: Aufläufe, Gratins & Co. Wenn der verführerische Duft nach gebackenem Käse das Haus durchströmt, hält es niemanden mehr vor dem Fernseher. Auch das Team mixtipp kann der Versuchung aus dem Ofen nicht widerstehen und hat seine liebsten Auflaufrezepte für den Thermomix® zusammengestellt. Kaum ein Gericht ist so vielfältig wie ein Auflauf. Als Kartoffelgratin, Nudel- oder Gemüseauflauf, Crumble oder Soufflé kommt er daher und erwärmt stets aufs Neue unser Gemüt. Ob ein herzhafter Kürbisauflauf mit Speck oder ein süßes Nusssoufflé, ein exotisches Kokosgratin mit Kardamom oder Lasagne mal anders - für jedes Leckermaul wird sich in diesem Rezeptband etwas finden.

mixtipp:
Lieblingsrezepte der
Sandra Backwinkel

128 Seiten,
Format: 17 x 24 cm,
Klappenbroschur,
durchgehend farbig bebildert,
ISBN: 978-3-96058-037-9, **9,99 €**

Sandra Backwinkel, das ist doch die charmante Youtuberin und Bloggerin, die schon über 100 Rezeptvideos ins Netz gestellt hat! Gemeinsam mit dem Team mixtipp bringt sie nun ihr erstes Kochbuch heraus: Hier erwartet dich eine bunte Mischung aus alltagstauglichen Leckereien wie Suppen, Desserts und Salaten, aber auch Hauptgerichte, Smoothies, Dips, Konfitüren und Brot dürfen hier nicht fehlen!
Mit Rezepten wie Balsamico-Linsen, Grüner Smoothie, Eiweißbrot, Laugenbrötchen, Chicken Tikka Masala und Bircher Müsli hat die Langeweile keine Chance. Wenn es zwischendurch mal etwas Süßes sein darf, dann verwöhne dich mit Oreo-Keks-Eis, gebrannten Mandeln oder einer leckeren Schokomousse. Wie immer sind die Rezepte sowohl mit dem TM 31 als auch mit TM 5 zuzubereiten. Viel Spaß beim Nachkochen!

mixtipp

mixtipp:
Kochen für Gäste

104 Seiten,
Format: 17 x 24 cm,
Klappenbroschur,
durchgehend farbig
bebildert,

ISBN: 978-3-96058-040-9,
9,99 €

mixtipp:
Lasst uns grillen!

120 Seiten,
Format: 17 x 24 cm,
Klappenbroschur,
durchgehend farbig
bebildert,

ISBN: 978-3-96058-089-8,
9,99 €

mixtipp:
Italienische Küche

112 Seiten,
Format: 17 x 24 cm,
Klappenbroschur,
durchgehend farbig
bebildert,

ISBN: 978-3-96058-038-6,
9,99 €

mixtipp:
Lieblingsrubs und Gewürze

128 Seiten,
Format: 17 x 24 cm,
Klappenbroschur,
durchgehend farbig
bebildert,

ISBN: 978-3-96058-042-3,
9,99 €

mixtipp:
Wildgerichte

128 Seiten,
Format: 17 x 24 cm,
Klappenbroschur,
durchgehend farbig
bebildert,

ISBN: 978-3-96058-093-5,
9,99 €

mixtipp:
Lieblingssaucen

128 Seiten,
Format: 17 x 24 cm,
Klappenbroschur,
durchgehend farbig
bebildert,

ISBN: 978-3-96058-099-7,
9,99 €

LEMPERTZ

WEITERE TITEL AUS DIESER REIHE

mixtipp:
Heilmittel

104 Seiten,
Format: 17 x 24 cm,
Klappenbroschur,
durchgehend farbig bebildert,

ISBN: 978-3-96058-110-9, **9,99 €**

Gesundheit aus dem Thermomix®: Ina-Maria Klups, gelernte pharmazeutisch-technische Assistentin mit über 30 Jahren Berufserfahrung, zeigt in diesem Buch, wie vielseitig die Küchenzaubermaschine auch im nichtkulinarischen Alltag eingesetzt werden kann: Jetzt kannst du Hausmittel für Gesundheit und Pflege im Handumdrehen selbst herstellen! Rezepturen gegen Husten finden sich hier genauso wie Nasensalben oder Anti-Bauchweh-Creme für Babys. Auch Pflegeprodukte für den ganzen Körper, mit denen man sich buchstäblich–wohl in seiner Haut–fühlt, wirst du in diesen Seiten finden. Hole dir das Thermi-Heilmittel-Buch und tu dir was Gutes!

mixtipp:
Dips und Aufstriche

120 Seiten,
Format: 17 x 24 cm,
Klappenbroschur,
durchgehend farbig bebildert,

ISBN: 978-3-96058-036-2, **9,99 €**

Immer nur Käsestullen und Wurstbrot findest du langweilig? Dann bring doch Abwechslung auf den Tisch: Unsere Autorin Sabine Simon hat in diesem Buch ihre Lieblingsdips und Aufstriche zusammengestellt. Von herzhaften Aufstrichen mit Wurst oder Fisch wie dem Eieraufstrich mit feiner Putenbrust oder der Thunfisch-Bohnencreme bis hin zu veganen Varianten von A wie Apfel-Zwiebel-Aufstrich bis Z wie Zucchini-Basilikum-Aufstrich ist für jeden etwas dabei. Und natürlich gibt es auch süße Brotaufstriche, die jedes Schleckermaul begeistern werden.
Bei der Hallo wach–Kaffeecreme kann das Team mixtipp nicht nein sagen. Daneben kommen auch Basisrezepte für Würzmischungen und die Herstellung von Frischkäse DIY nicht zu kurz und du findest ebenfalls Würzbutter und Gebäck in der über 50 Rezepte enthaltenden Sammlung. Angaben zur Halt barkeit erleichtern dir die Bevorratung und du kannst der Langeweile auf dem Abendbrottisch Ade sagen.

mixtipp:
Bayrische Schmankerl

112 Seiten,
Format: 17 x 24 cm,
Klappenbroschur,
durchgehend farbig bebildert,

ISBN: 978-3-96058-097-3, **9,99 €**

Herrschaftszeitn noch a moi!
Bayrische Schmankerl, wer kennt sie nicht? Brez'n, Fleischpflanzerl oder Kartoffelsalat–gutes bayrisches Essen ist fast allen Hobbyköchen ein Begriff. Doch für eine Reise ins Land der bayrischen Schmankerl brauchst du keine Koffer zu packen: Eine bunte Mischung der bekannten Leckereien findest du hier in diesem Buch! Ob zur Brotzeit oder als Hauptspeise, für jeden Anlass und Geschmack ist etwas dabei. Schweinsbraten mit Knödeln und Kraut darf dabei ebenso wenig fehlen wie Kässpatzn oder die deftige Biersuppe. Oder mögt ihr es lieber süß?
Wie wäre es dann mit einer klassischen Bayrisch Creme zum Dessert oder einem Zwetschgendatschi zum Nachmittagskaffee?
Unsere Autorin Annemarie Thon hat sich mit dem Team mixtipp durch ganz Bayern geschlemmt; die Highlights sind in diesem Buch zusammengestellt. Die Rezepte sind wie immer für den TM 5 und TM 31 umgeschrieben.
In diesem Sinne An Guadn! - Pack ma's!